기후 돌봄

거친 파도를 다 같이 넘어가는 법

기후 돌봄

거친 파도를 다 같이 넘어가는 법

초판 1쇄 인쇄	2024년 5월 3일
초판 1쇄 발행	2024년 5월 9일
초판 2쇄 발행	2024년 8월 23일

지은이	신지혜, 한윤정, 우석영, 권범철, 이재경, 조미성
엮은이	우석영
기획	한신대 생태문명원
디자인	디자인오팔
펴낸곳	산현글방 (산현재)
등록	제2020-000239호
주소	서울시 마포구 연희로 11. 5층 CS-531
이메일	thehouse.ws@gmail.com
인스타그램	wisdom.shelter

ISBN 979-11-980846-6-8 (03300)

기 — 후

돌

봄

거친 — 파도를

다 — 같이

넘어가는 — 법

산현글방

일러두기

이 책의 시작점은 2023년 가을 한신대 생태문명원과 모심과살림연구소가 공동 개최한 포럼 '기후위기 시대의 돌봄'이었다. 책에 엮인 글들은 이 포럼에 제출된 글들을 글쓴이들이 각기 보완한 것들이다.

차례

①

기후
—
돌봄
\
선언

| 우석영 | 신지혜 | 한윤정 |
| 권범철 | 이재경 | 조미성 |

만일 우리가 정부의 행동을 기다린다면, 너무 늦을 것이다.

만일 우리가 개인들로서 행동한다면, 너무 미약할 것이다.

하지만 우리가 공동체로서 행동한다면,

충분할지도 모르고 제때일지도 모른다.

룹 홉킨스 (전환마을활동가)

1

2020년 8월 발생한 집중호우로 전국에서 31명의 사망자가 나왔다. 당시 철원과 구례, 곡성 등지의 주민들은 대규모 홍수로 고통받았다. 그로부터 2년 후, 2022년 8월에도 전국에서 비슷한 참사가 발생했는데 당시 사망실종자 수는 20명에 달했다. 2023년에도 유사한 사건이 발생했다. 7월 13일부터 약 5일간 내린 집중호우로 50명이 사망하거나 실종되었고, 약 80만 개체의 비인간 동물이 목숨을 잃었다. 해외 언론은 물론이고 이제는 국내 언론에서도 이러한 재해를 기후위기에 따른 참사 또는 기후재난이라고 명명하는 데 주저하지 않는다. 21세기의 첫 20년 동안 기후재난 사건이 세계 곳곳에서 발생하여 기후변화에 대한 우려의 목소리가 높았지만, 유독 한국에서는 그 피해가 경미했고, 바로 이런 특이한 곡절이 한국사회로 하여금 기후변화 문제에 둔감하게 반응하게 한 면이 있다. 그러나 최근의 급박한 상황은 더는 그럴 수 없는 현실을 한국사회의 구성원들에게 강하게 웅변하고 있다.

인간이 초래한 현재의 지구 기후변화는 인간에게 극한의 기후 현상 또는 기후재난의 형식으로 실감된다. 21세기 들어 폭염과 가뭄, 산불과 홍수와 태풍, 빙하의 용융 등이 지구 곳곳의 거주자들과 그들의 거주지를 강타했고, 그 현장 풍경은 우리에게 새로운 시대의 탄생을 예감케 했다. 시선을 육지에서 바다로 옮겨도 우리는 전례 없던 위험 상황을 감지한다. 바다의 고온화, 산성화, 산소빈곤화, 저염화로 인해 바다 생물들이 멸절하거나 병에 걸린다는 소식은 바다 생태계의 파괴와 멸종뿐 아니라 기후변화가 가속화하고 인간의 식량 확보가 어려워지는 현실 역시 가리킨다. 그러니까 이 모든 사건에 응축된 핵심적인 의미는, 오늘날 우리가 겪고 있는 지구 기후변화가 인류 전체를, 그리고 지구의 생물 거의 전부를 취약한 상태에 놓이게 한다는 것이다.

'돌봄[Care, Umsorgen, 關懷, 보살핌]'이라는 개념은 바로 이 '취약함Vulnerability'과 긴밀한 관련이 있다. '돌보다'라는 한국어는 '관심을 가지고 보살피는 행위'를 지시한다. 프란치스코 교황의 정의는 조금 더 풍요롭다—"'돌보다'라는 말은 보살피고 보호하며 감독하고 보존한다는 의미"이다.[1] 그렇다면 돌봄은 보살핌과 보호와 감독을 받을 필요, 그러면서도 보존될 필요를 함축한다. 이 필요가 요구되는 상태가 바로 취약함이다. 모든 돌봄 행위는 돌봄 대상의 속성인 이러한 취약함에서 촉발된다. 어떤 자가 취약한 자이기에, 비로소 그를 돌볼

---

1   프란치스코 교황,《찬미받으소서》, 한국천주교중앙협의회, 2015, 56.

필요와 돌보는 행동이 발생한다. 또한 어떤 자의 취약함은 곧 타자에게 의존해야만 비로소 자기 보호와 존속이 가능한 상태를 함의한다.

문제는 취약함 또는 의존이 필요한 상태가 '생물, 삶, 살아 있음[life, living]'[2]의 기본 면모라는 것이다. 지구상의 모든 생물은 자기 보존이라는 기본적인 목표를 지향하며 결여된 상황을 결여 없는 상황, 즉 충족의 상황으로 변환하는 행동으로써 그 목표를 달성한다. 그러나 그 결여가 충족된 상황은 어디까지나 임시적이고 한시적이어서 곧 결여된 상황으로 변하고 만다. '제 목숨 부지하기'라는 요구는 끝없는 파도처럼 생물이 사는 삶의 현장에 밀려든다. 바로 이런 전반적 상황이 모든 생물의 근원적 '취약함'의 면모이다. '모든 산 것들'의 살아감 자체가 돌봄을 상시적으로 요구한다. 그러므로 린 시걸Lynne Segal이 말하듯, "돌봄이 없다면, 삶도 없다. 우리 모두는, 만일 우리가 살아 남아야 한다면, 무수한 방식으로 돌보고 돌봄받는다."[3] 돌봄은 모든 생물에게 생존을 떠받치는

---

2   여기서는 유기체나 유기체의 삶을 의미한다. 물론 유기체는 그것 안에 있고, 그것 안을 오가며, 그것을 둘러싼 비유기체적 생명 활동에의 의존 없이는 살아갈 수 없기에 생물–유기체로서의 개체라는 개념도 실은 허상이다.

3   Lynne Segal, *Lean on Me*, Verso, 2023, 1.

항시적인 기초이다. 의존은 모든 생물의 항시적인 삶의 방식이다. 자기 아닌 타자로부터 돌봄받을 필요는 낱 생물의 신체과정에 내장 또는 착근되어 있다.

만일 돌봄을 인간의 관점에서 정의하자면, "돌봄은 인간을 양육하고, 먹이고, 간호하고, 돕고, 사랑함에 관한 것"이다.[4] 평범한 정의인 것 같지만 돌봄이 무엇인지, 그 핵심을 찌르고 있다. 왜냐하면 정반대로 생각하면 드러나는 양분과 애정의 결여(양육의 이유), 배고픔, 질병 상태, 도움과 사랑을 필요로 하는 상황 자체가 인간 개체들의 취약한 면모를 지시하기 때문이다.

모든 인간이 돌봄받을 필요를 안고 살아간다는 점은 곧, 모든 개인이 돌봄받을 권리를 지닌다는 점을 시사한다. 이는 돌봄받을 권리가 일종의 기본권이라는 점을 뜻한다. 그리고 이 기본권이 실현되는 사회가 정의로운 사회일 것이다.

노동이라는 측면에서 돌봄을 살펴본다면 어떨까? 인간 개체 또는 어떤 생물 개체가 취약해진 상황은, 누군가를 돌보려는 인간의 선한 마음이 발현되고 실행되는 상황, 즉 인간의 미덕이 돋보이는 상황만은 아니다. 어떤 상황에서 돌봄(제공)자는 그 누구도 하기 싫어할 노동, 역겨운 생물 신체나

4   Premilla Nadasen, *Care*, Haymarket Books, 2023, 1.

그 배설물, 부패한 음식폐기물 등을 접촉하는 따위의 고역을 수행해야 한다. 돌봄은 타자를 돕는 미덕의 행동이기도 하지만, 동시에 때로는 애달픈 신체, 악취 나는 신체/물체를 다루는 기피하고 싶은 노동이기도 하다. 돌봄을 뜻하는 영어 Care의 어원이 되는 Caru는 돌봄의 이런 두 얼굴을 잘 짚어준다. Caru는 "돌봄, 관심, 불안, 슬픔, 불행, 고충"을 두루 뜻한다. 그리고 이 단어가 이런 뜻을 두루 함축하고 있다는 사실은 곧 타자를 돌보는 행위가 "어렵고도 사람의 진을 빼는 일일 수 있"다는 사실을 의미한다.[5] 돌봄 노동을 수행할수록 "자신이 마모되고 사라지는 것 같다고 말하는 이들이 많다"는 증언[6]은 돌봄 노동에 수반되는 돌봄자의 고충을 단적으로 말해준다.

뭇 인간과 생물, 즉 중생衆生이 전반적으로, 또 갑작스러운 방식으로 취약해지는 기후재난 상황 역시 이러한 양면적 의미의 돌봄 노동을 호출하는 국면으로 이해해야 한다.

5   The Care Collective, *The Care Manifesto*, Verso, 2020, 25. 인간의 배설물, 인간활동 과정에서 나오는 각종 폐기물, 오염물을 처리하는 노동들은 개인/사회의 재생산에 필수적인 돌봄 노동이지만, 누구나 수행하기 꺼리는 노동이기에 그간 사회적 약자들에게 불공평하게 전가되어왔고, 그 노동의 가치가 저평가되어왔다. 그리고 이러한 사회적 저평가는 사회적 약자들에 대한 불공평한 전가를 위해 긴요한, 전가의 전제조건이기도 했다.

6   조한진희, 의존과 질병의 '정상성', 조한진희·다른몸들 기획, 《돌봄이 돌보는 세계》, 동아시아, 2022, 112.

불어난 강물에 휩쓸린 인체나 소의 신체, 토사에 휩싸이거나 태풍에 산산조각이 난 주택과 가구, 몇 시간 만에 거주지를 잃고 졸지에 난민 신세가 되고 만 인간, 폭염에 노출되어 열사병으로 쓰러진 건설 노동자의 신체⋯기후재난 상황 속에서 취약해진 자의 모습을 적나라하게 드러내는 이러한 각양각색의 몸들은 즉각적인 돌봄 노동을 필요로 한다. 세계보건기구 WHO는 기후변화가 인간의 건강 문제라고 단언한다. "기후변화는 인간의 건강에 근본적인 위협이다. 그것은 물리적인 환경만이 아니라 (⋯) 건강 시스템의 기능을 포함하여 자연 시스템과 인간 시스템의 모든 측면에 영향을 미친다."[7] 기후변화 자체가 직접 질병을 야기하는 건 아니지만, 그것은 질병이 확산되는 방식에 영향을 미친다. 예컨대 기온, 강수량, 습도의 상승은 말라리아 병원균의 숙주인 모기들의 급증으로 이어져 감염병 확산을 낳는다.[8] 기후변화란 인체의 건강을 돌보는 일에 관한 문제라는 이야기이다. 그러나 당연히 인체 돌봄에 관한 문제만은 아니다. 실제의 기후재난 상황에서는 재난 피해자(여기서는 인간)의 신체와 정신을 돌보는 일은 물론이고, 타격을 입은 주택과 도로, 교각과 전선, 가전제품이나

7 https://www.who.int/news-room/fact-sheets/detail/climate-change-and-health

8 Greta Thunberg et al., *The Climate Book*, Allen Lane, 2022, 134.

방바닥 등을 복구하는 회복의 과업 역시 돌보는 심성과 태도, 돌봄 노동을 동반하지 않을 수 없다. 온실기체 누적 농도가 증가할수록 우리의 삶의 세계를 구성하고 있는 인간/비인간 존재에 대한 돌봄이 긴박하게 요구되는 시대로 우리는 한발 한발 착실히 진입하고 있다.

2

기후재난 상황, 나아가 빈번한 기후재난이 예상되는 작금의 위기 상황에서 요청되는 돌봄을 '기후 돌봄'이라는 용어로 표현해보자고 우리는 제안한다. 그 최소한의 의미에서 기후 돌봄은 기후위기로 인해 삶 또는 자기실현이 어려워진 인간/비인간 약자들, 기후재난 상황에 처해 취약해진 인간/비인간 존재들을 돌보는 일을 뜻한다.

통상적으로 오늘의 한국어 세계에서 '기후'와 '돌봄'은 함께 생각되지 않는 단어들이다. 여러 이유가 있지만, 우선 돌봄에 관한 인식 자체의 편협성을 생각해봐야 한다. 한국 사회에서 '돌봄'이라는 단어의 의미 장場은 대체로 비인간 존재를 포괄하지 못하고 있을 뿐만 아니라 '육아', '양육/교육', '가사노동', '의료/장애'라는 한정된 영역에만 관련되는 용어로 굳어져 있다. 여기에 더해 돌봄은 주로 가정에서 여성들이 담당해야 하는 몫이라는 (성차별적) 인식이나, 좀 더 나아가더라도 여성의 일을 사회적 영역으로 끌어내 상품화하거나 복지 서비스로 환원하는 제도와의 관련성이 여전히 강고하기 때문일 것이다.[9] 한마디로 말해, '돌봄'이라는 단어를 들은 한국어 사용자는 그 단어가 환기하는 의미 장의 협소함으로 인해 '기후변화'나 '기후재난'의 '기후'를 떠올리기 쉽지 않다.

또 하나 생각해볼 만한 것은, 기후변화가 몰고 올, 예측 불가능하고 파괴적일 기후재난 사태를 과학에 근거해 충분히 가능한 미래, 그리하여 사회 전체가 머리를 맞대고 준비해야만 하는 두려운 미래로 수용하기를 꺼리는 한국의 사회정치적 분위기이다. 바로 이러한 회피하는 분위기가 기후위기-기후재난-취약함-돌봄이라는 당연한 사고의 흐름을, 나아가 기후위기 대응으로서의 인간사회 돌봄 행위, 기후위기에 응전하는 돌봄 사회 구축, 회복력/적응력 강화 등에 관한 사회적 공론화를 방해하고 있다.

그러나 전 지구적 기후위기와 (잠재적이고 실재적인) 기후재난의 파고를 넘고 문명을 유지한다는 중차대한 사회적 과업을 돌봄 개념과 접합시켜, 어쩌면 돌봄 개념으로 수렴해서 인식할 필요가 있다. 그 이유는 다음과 같다.

---

9   조한진희, 앞의 글, 117. "현재 요양보호소, 장애인 활동 지원사를 포함한 돌봄 노동자의 92.5%가 여성"이라는 사실도 확인해두자. 같은 글, 119를 보라.

무엇보다도, 현행 기후변화의 가속화에 대한 예방적 대응(완화/저감) 못지않게 그것의 파괴적 결과물에 대한 적응적 대응이 긴요한 시대로 우리가 이미 접어들었기 때문이다. 다시 말해 '기후 완화climate mitigation'라는 말로 표현되며 온실기체 배출량 감축을 목표로 하는 예방적 대응의 가치는 여전히 막중하지만, 이미 현실화된 변화 국면에 적응하며 사회생태계와 그 구성원을 돌보며 기후 회복력climate resilience을 증대하는 실천이 그만큼이나 중요해졌다.

일련의 과학적 측정과 예측이 이러한 저간의 현실을 말해준다. 기후변화에 관한 정부간 협의체(이하 IPCC)가 발행한 제6차 종합보고서(2023)에 따르면, 파리기후협약 가입국들이 제출한 국가기여[감축]목표(NDC)가 모두 지켜지는 것을 가정하는 최선의 시나리오에서조차 2100년의 지구 평균기온이 산업화 이전인 1850년 대비 평균 2.7도 상승할 것으로 예상된다.[10] 2024년 4월 9일, 유럽연합(이하 EU) 기상기구인 코페르니쿠스기후변화국(Corpernicus Climate Change Service, 이하 CCCS) 역시 충격적인 측정 결과를 발표했다. 2023년 4월부터 2024년 3월까지 지난 1년간의 측정값을 보면, 지구 평균온도가 1850년 무렵과 비교해 1.58도 상승했다는 것이다.

10 IPCC, AR6 Synthesis Report: Climate Change, 2023.

CCCS의 발표 내용은 IPCC 6차 종합보고서의 예측을 상회하는 것으로, 실제의 변화 속도는 관련 데이터를 합의에 기반해 보수적으로 해석하는 IPCC의 예상을 훨씬 뛰어넘을 수도 있음을 말해준다.

　　또 하나 생각해봐야 하는 것은, 온실기체가 배출되는 사건과 지구온난화 효과가 나타나는 사건 사이의 시간적 간극인 '기후 지체climate lag'이다. 기후 지체는 온실기체 배출을 완전히 중단한 이후에도 한동안 기후변화 효과가 지속될 것이라는 과학적 예측을 설명하는 개념이다.[11] 기후 지체가 일어나는 원인으로 가장 많이 지적되는 것은 바다의 '열 관성'이다. 배출된 온실기체로 인해 대기에 모인 열은 90% 이상 바다로 흡수되어 나중에 대기로 재배출된다. 문제는 바다가 열을 천천히 흡수하고 천천히 방출하는 속성을 지닌다는 것이다. (열과 관련된, 바다의 이런 느린 행태를 지칭하는 말이 바로 바다의 '열 관성'이다.) 이야기는 여기서 그치지 않는다. 바다는 대기 중 이산화탄소를 흡수하기도 하는데, 바다로 흡수된 이산화탄소 역시 오직 천천히 대기로 재배출되는 경향이 있

11　기후 지체climate lag 혹은 기후 지연climate delay이라는 표현은 '기후행동 미루기'라는 사회 현상과 그것에 관한 담론을 설명할 때도 사용된다. Lamb WF et al., Discourses of climate delay, *Global Sustainability*, 2020, 3, e17, 1-5. (https://doi.org/ 10.1017/sus.2020.13)

다. 그러니까 인간이 배출한 온실기체가 바다를 거쳐 최종적인 지구온난화 효과로 귀결되는 데는 지체되는 시간이 있다는 말이다. 그 시간은 얼마일까? 학자마다 의견이 다르지만, 수십 년일 것이라는 견해가 지배적이다. 이는 곧 수십 년 전의 파도가 지금 밀려든다는 말인 셈이고, 다르게 생각해 지금 당장 우리가 모든 온실기체 배출을 멈춘다 해도, 그간의 누적된 온실효과로 인해 최소 수십 년 이상 기후충격이 이어질 것임을 함축한다.[12]

그뿐만이 아니다. 대기권에 배출된 이산화탄소가 지상으로 돌아가기까지 길게는 수천 년의 시간이 소요되는 것으로 알려져 있다.[13]

이러한 과학적 설명의 함의는 자명하다. 현재로서는 요원한 일처럼 보이지만 만약 우리가 어떤 식으로든 온실기체 배출 감축 목표에 도달하더라도 그 시점 그리고 성과와 무관하게, 향후 최소 수십 년 이상 우리는 기후가 요동치는 세계, 다시 말해 기후재난이 지속적으로 발생하는 뉴노멀 시대를 살아가게 될 것이다. 즉, 우리는 "모든 온실기체 배출량을

12 Rob Verchick, *The Octopus In The Parking Garage*, Columbia University Press, 2023, 8.

13 https://science.nasa.gov/resource/graphic-major-greenhouse-gas-sources-lifespans-and-possible-added-heat

중단하는 것이 곧 지금 이미 발생하고 있는 기후변화의 영향을 막지는 못할 것"[14]이라는 사실을 냉정히 수용해야만 한다.

이 모든 정보는 기후변화의 파급효과를 물리적 현실로 가정하며 그 피해를 줄이거나 나아가 그 상황을 유익한 기회로 만들어내는 행동[15]이 지금 당장(!) 요청되고 있음을 알리는 경고 메시지로 해석되어야 한다. 기후 완화만큼이나 기후 적응이 중요한 기후변화 대응 과제로 이미 부상했다.

달라진 기후환경, 기후재난 사태에 적응한다는 것은 정확히 무슨 뜻일까? 그것은 곤혹스러운 기후환경이나 재난을 참고 견디며 거기에 무덤덤해진다는 뜻은 아닐 것이다. 그것은 그런 소극적인 자세가 아니라 적극적인 자세를, 즉 달라진 현실을 냉철히 수용하며 사회생태계를 조정함으로써 피해를 최소화하고 새로운 삶과 번영의 기회를 창출한다는 것을 의미한다. 다시 말해 주택·건물을 비롯한 시설물과 인프라, 산림·습지를 위시한 자연 등을 일정하게 조정하는 행동으로써 향

---

14 EU Commission, 「Forging a climate-resilient Europe-the new EU Strategy on Adaption to Climate Change」, 2021. 1. 2021년 2월 24일 EU 집행위원회가 발표한 자료로, EU는 이 새로운 적응 전략에 기초해서, 또한 Climate-Adapt라는 공동의 적응 플랫폼을 통해서 EU 공동의 적응 행동에 나서고 있다. 자세한 내용을 보려면 다음을 참고하라. https://climate-adapt.eea.europa.eu

15 IPCC, Climate Change 2007: Impacts, Adaptation and Vulnerability, 2007, 720.

후 예상되는 손실을 최소화하는 방식으로 기후재난에 대비한다는 것, 재난 피해를 최대한 효과적으로 복구한다는 것, 이 모든 과정에서 새로운 안녕과 번영의 길을 창출한다는 것을 뜻한다. 그리고 이것은 곧 재난이 초래할/초래한 취약성에 개입하고 취약성에 대응한다는 것, 돌봄 활동 가운데 새로운 미래를 개척한다는 것에 다름 아니다.

EU 집행위원회는 2021년 발표한 새로운 EU 기후변화 적응 전략[16]을 통해 기후변화 적응 과업을 사회 시스템의 체계적 전환 과제로 명시하고 있다. 이 적응 전략에 따르면, EU에 요구되는 적응 행동은 첫째, 지식과 정보의 대중화에 힘입은 정확한smart 것이어야 하고 둘째, 총체적이고 체계적인 것이어야 하며 셋째, 속도를 높이는 방식의 신속한 것이어야 한다. 이 가운데 두 번째 요소에 특히 주목할 필요가 있다. EU 집행위원회가 보기에 필요한 기후변화 적응 행동은 유럽 각국을 포함한 유럽 사회 전체를 총체적으로 바꾸는 행동이지, 국가와 사회의 기존 틀을 그대로 둔 채 몇몇 기후변화 적응 정책을 부가적으로 시행하는 것이 전혀 아니다. 그건 "적응 과제의 중력 자체가 이 과제를 정부 전체, 사회 전체의 노

---

16 이것이 새로운 전략인 것은 2013 EU 적응 전략을 새롭게 대체하는 것이기 때문이다.

력으로 만들"[17]고 있기 때문이다. 2050년까지 유럽 전체가 기후변화에 완벽하게 적응하는 새로운 유럽으로 전환해야만 하며, 이 전환은 각국의 모든 거버넌스 레벨에서 실천하는 체계적인 것이어야 한다는 것이다. 그리고 이를 위해 적응 행동은 각각의 정책들과 모순되지 않는 방식의 행동이어야만 한다는 것이다.

　　　EU의 기후변화 적응 전략은 이러한 체계적 전환을 위해 세 가지의 우선 과제를 제시하고 있다. 적응을 거시 재정 정책에 통합하기, 적응을 위해 자연기반 해법을 도입하기, 지역에서 적응 행동하기가 그것들이다.[18] 좀 더 구체적으로 살펴보면, 첫째 기후재난 발생과 그 복구는 경제적 · 재정적 손실과 투자를 의미하므로 기후 시나리오가 거시 경제 정책에 적극 반영되어야 한다는 것이고, 둘째 지속가능한 방식으로 숲과 농지를 관리 · 보호하고 습지, 연안, 해양 생태계 등을 보호하거나 복원하는 활동과 같은 자연기반 해법을 대규모로 실행에 옮김으로써 기후 회복력을 증대해야 한다는 것이며, 셋째 지역이 적응 행동의 기초이므로 EU는 재정 지원, 디지털 기술 제공 등을 통해 각 지역의 회복력 증대를 도와야 한다는

17　EU Commission, ibid., 4.

18　EU Commission, ibid., 7.

것이다.[19]

　　이러한 전략적 지침들에서 우리는 몇 가지 시사점을 발견한다. 첫째, EU 집행위원회가 생각하는 기후 적응 행동이 적극적 투자를 포함한다는 것이다. 중앙정부 차원의 재정적 투자, 자연기반 해법에 대한 투자, 각 지역의 회복력 강화를 지원하는 투자가 필요하다는 이야기이다. 둘째, 적응을 위한 자연기반 해법에 대한 투자란 사실상 완화/저감을 위한 투자와 같거나 중첩된다는 것이다. 기후위기 상황에서 삶과 사회를 보호하고 돌보기 위해 취하는 특정 행동은 적응 행동이면서 동시에 완화/저감 행동이다. 셋째, 지역 차원에서 각 지역의 정치사회적 상황이나 지리생태적 여건에 맞추어 회복력 강화를 도모하는 것이 중요함을 강조하고 있다는 것이다.

　　여기서 두 번째와 세 번째 과제는 앞선 기후 돌봄 논의와 직결된다. 우선, 각 지역의 자연물과 생태계를 돌봄으로써 사회와 인간을 돌보는 기후 돌봄이 바로 자연기반 해법을 뜻하기 때문이다. 또한 기후 회복력은 각 지역 단위의 거주민 공동체가 지역과 자신들의 미래를 보호하고 돌보는 적극적 자기보호/자기돌봄 행동에 나설 때만 비로소 실현 가능하기 때문이다. 지역 차원의 회복력 강화는 지역이 중앙과의 관계

19　EU Commission, ibid., 9-12.

에서 주변과 중심의 위계성을 벗어나 자립성과 자율성을 확보한다는 점에서도 의미가 있다.

　　이렇듯 기후변화 적응 행동은 곧 기후 회복력 강화를 함의하며, 기후 회복력 강화는 곧 기후 회복력을 각 지역 단위에서 강화하는 행동의 주체들이 지역 구성원(인간, 비인간 생물, 거주지, 시설물, 지역생태계 등)과 지역의 미래를 자조의 정신으로 돌보는 행동을 뜻한다. EU의 새로운 적응 전략 문서에도 지적된 것처럼, 이러한 행동은 중앙의 정책적·재정적 지원과 투자에 힘입어 수행될 때 가장 효과적일 것임은 물론이다.

3

　　지구의 안정된 기후가 커먼즈commons라는 사실 역시 돌봄이라는 개념의 틀로 기후 문제를 인식해야 하는 핵심적인 이유에 속한다. 그간 인류 문명은 홀로세 기간에 안정적으로 유지된 기후라는 커먼즈에 절대적으로 의존해왔다. 홀로세의 안정된 기후 여건이야말로 인류 문명의 역사 전체를 가능하게 했던, 문명의 디폴트 값이었다. 온실기체 과다집적화, 지구온난화, 기후불안정화가 의미하는 것은 지구상 모든 생물이 공통으로 누리고 의존해온 것, 그리고 줄곧 인류 문명의 기초였던 것, 즉 안정된 지구 기후라는 커먼즈가 훼손되고 있다는 것을 뜻한다. 말할 것도 없이 이는 지구상의 거의 모든 생물이 이 절대적 커먼즈의 훼손 상황 속에서 취약해진다는 것을 뜻한다. 달리 말해 인간을 포함한, 지구상의 거의 모든 생물의 공통된 취약성이 날이 갈수록 세계에 드러나고 있다. 그렇다면 취약한 존재를 위한 행동인 돌봄 실천은 기후위기 시대에 다급히 요구되는 사회적 의무로서 어느 사회에서든 전면화되지 않을 수 없다.

그러니까 기후재난은 그간 그 중요성이 은폐되어왔던 커먼즈의 존재를, 아울러 개인/사회의 재생산에 항시적으로 요구되어온 돌봄 활동을 돌연, 동시에 드러낸다. 지구의 안정된 기후라는 커먼즈가 훼손되는 사태가, 인간과 인체의 공통적 취약함이라는 사태를 시야에 드러내고 있고, 흔히 '지역/로컬'이라고 불리는 국소적 지리생태환경에 속한 채 살아갈 수밖에 없는 뭇 개인들의 새로운 돌봄 연대를 요청하고 있다.

하지만 '나 자신이 겪을지도 모를 피해'를 피해자의 모습에서 발견하는 것, 즉 몸의 공통적인 취약함이라는 사태를 알아채는 것만으로 뭇 개인들의 돌봄 연대가 저절로 촉발되지는 않을 것이다. 오히려 어떤 것의 취약함을 실제로 돌보는 행위 자체에서, 돌봄자는 자신의 취약함 역시 간접적으로 경험하게 되고, 취약함과 그 취약함을 촉발하는 원인에 대해 생각해볼 기회를 얻는다.[20] 즉, 취약해진 어떤 존재를 돌보는 경험 자체가 변화된 기후 여건에 묶여 있는 취약한 존재 전체를 생각하고 느끼게 해주고, 연대가 절실하다는 실감을 강화한다.

나아가 돌봄은 돌봄자/돌봄 노동자 개인이 우연한 계기로 보유하게 된 역량이라기보다는, 연대감과 연대 행동의 증진을 가능하게 하는, 모든 인간의 기본적 역량으로 간주되어야 한다. 돌봄은 만인에게 요구되는 매우 기본적인 수준의, 즉 사회구성원 모두에게 최소한도로 요구되는 인간 역량이다. 하지만 돌봄은 이런 것만은 아니다. 돌봄은 '자아'라는 감옥에 감금되어 있기 쉬운 개인을 '연대의 장'이라는 삶 또는 우리 우주의 실제 세계로 나아가게 하는 (또는 그 실제 세계에 눈 뜨게 하는) 역량이다. 그런 점에서 돌봄은 오늘의 신자유주의 세상에 속박된 채 살아가는 이가 쉽게 습득하거나 체화하기 어려운 역량이기도 하다.

돌봄은 '대체 사회 따위가 왜 필요한가?'라는 질문에 대한 가장 적절한 답변이기도 하다. 인간은 무리를 지어, 즉 사회를 이루어 사는 것이 인간 각 개체를 돌보고 종의 생존을

20 자코모 달리사, 페데리코 데마리아, 마르코 데리우, 〈돌봄〉, 자코모 달리사, 페데리코 데마리아, 요르고스 칼리스 엮음, 강이현 옮김, 《탈성장 개념어 사전》, 그물코, 2018, 129.

이어가기에 가장 적합하다는 결론에 도달한 동물이다. 사회의 존재 이유는, 사회를 구성함으로써 사회구성원을 잘 돌보기 위함이다. 돌봄이야말로 사회의 근본 가치이고 기본 행동이다.

여기서 후자의 측면, 즉 행동의 측면을 강조할 경우, 우리는 돌봄이 어느 한 사회의 재생산에 필요한 역량의 총체라고 표현할 수 있을 것이다. "돌봄은 삶의 번영과 복지에 필요한 모든 것을 보살피는 사회적 활동이자 역량"[21]이라고 말이다. 인간의 상호의존성, 공통의 취약함이라는 특성 자체가 기나긴 인류사의 여정 내내 사회적 재생산 역량으로서의 돌봄을 모든 사회에 요청해왔다.

실제로, 조리부터 배설물 처리까지 가정과 병원 등에서 수행되는 각종 돌봄 노동, 학교에서의 교육/돌봄 노동, 인체의 건강한 지속/재생산과 관련된 각종 노동(대표적으로는 의료상의 돌봄 노동, 먹거리를 비롯한 생필품 생산과 공급 관련 노동)을 포함하여 일체의 돌봄 노동은 관계들로 직조된 인간사회를 재생산하는, 가장 기초가 되는 노동이 아닐 수 없다. 같은 맥락에서 독일, 오스트리아, 스위스의 그룹 연대체인 '돌봄 혁명 네트워크Care Revolution Netzwerk'는 "돌봄 노동은

---

21 The Care Collective, ibid., 9.

인간 존재의 조건이며 민주적 공동체의 발전을 위한 전제"라고 선언한다.[22] 조금 다르게 말해 "돌봄은 모든 인간의 정신적 · 육체적 건강 그리고 관계의 온전함을 유지하는 근본"이다.[23] 그렇기에 "돌봄 위기라는 건 사회가 재생되지 않는다는 걸 의미한다."[24]

그리고 인류의 삶의 터전과 거주 가능성 자체를 위협하는 실존적 위기에 다름 아닌 기후위기의 시간이란 바로 이런 의미의 돌봄에 주목하지 않을 수 없는 시간이다. 사회 재생산의 기반 자체를 교란하며 사회 재생산 역량에도 타격을 주는 기후충격은 사회 재생산 역량이자 노동 그 자체인 돌봄으로 우리의 시선을 돌려놓고 있다. 조금 다르게 말해, 현 기후위기 자체가 어느 한 사회공동체가 자기 재생산 역량인 돌봄 역량을 어떻게 강화할 것인지 고민할 것을 요청하고 있다.

재난사회의 도래와 이에 따라 새롭게 돌봄이 호출되는 상황을 어떻게 진단해야 할까? 우선, 그간 그 사회적 가치

22 안숙영, 돌봄은 혁명이 되어야 한다, 조한진희 · 다른몸들 기획, 앞의 책, 271; 보다 자세한 정보를 보려면 다음을 보라. https://care-revolution.org/english

23 자코모 달리사, 페데리코 데마리아, 마르코 데리우, 앞의 글, 125.

24 김영옥 · 류은숙, 《돌봄과 인권》, 코난북스, 2022, 11.

가 저평가되고 주변부에 머물러온 돌봄 노동에 관한 재평가가 필요한 상황일 것이다. 이제껏 돌봄은 생산을 위한 재생산 활동이었으나 앞으로는 재생산, 즉 사회의 유지 자체가 중요시될 것이기 때문이다. 또 하나, 기후위기 시대는 사회구성원 모두가 (필요할 경우) 돌봄 수행의 주체로 나서는 행동이 요구되는 상황이기도 하다. 즉, 가정이든, 학교든, 공장이든, 사무실이든, 도로든 누구나 재난 상황에서 당장 요구되는 돌봄 노동을 수행할 준비가 되어 있어야 하는 시대가 도래했다. 더 중요하게는 (각 지역에서의) 개인들의 자발적인 돌봄 연대 행위가, 그런 돌봄 연대를 지원하고 독려하며 기후 회복력을 증대하는 국가의 정책이, 좀 더 거시적으로는 돌봄을 중심 원칙으로 삼는 새로운 사회경제 제도의 모색이 요청되는 시점이라고 봐야 한다.

　　다른 한편으로, 기후변화와 기후재난 자체가 (돌봄 노동처럼) 그간 인간경제의 근본으로 작용해왔으면서도 줄곧 은폐되어 있던 또 다른 요소를 새삼 부각시키고 있다. 그것은 다름 아닌 인간경제의 지구적·물질적 기반이다. 단적으로, 석탄과 석유와 가스가 어떤 이유로 어디에서 다량으로 추출되어 어떤 경제적 요구(수요)에 부응하는 과정에서 다량으로 연소되는지 모르고서 현대 화석연료 자본주의 경제와 그 결과물인 기후변화를 이해할 수는 없다.

　　당연하게도, 그러한 현대 인간경제의 물적 기반에

대한 관심은 그 물적 기반과 그 구성요소에 대한 그간의 관점, 태도, 행동에 대한 주목을 유발한다. 각종 상품 그리고 전기와 가스 등을 대량 생산하는 과정에서 온실기체라는 오염물질을 과배출하면서 유지되고 있는 현행 추출 자본주의의 기반에는 지구 안의 비인간 자연물에 대한 대대적인 반-돌봄 행위가 있고, 그 행위의 아래층에는 그것들을 인간을 위한 상품원료, 자원, 재산으로 인식하는 관점이 굳건히 자리 잡고 있다. 그리고 그런 관점의 아래층에는 그 물질을 인간과는 달리 존재 가치가 제 안에 없는 물질, 죽은 물질, 자기실현의 지향과 속성이 없는 세계 내 비주체로 여기는 인간중심적 관점과 태도가 똬리를 틀고 있다. 만일 이것이 기후변화를 야기한 근본 원인으로서 문제시된다면, 비인간 존재에 대한 정반대의 관점과 태도, 즉 비인간 존재를 또 다른 세계 내 주체로서 사려 깊게 대하고 지속가능한 인간경제의 중요 동반자로서 최대한 돌보려는 태도가 요청될 수밖에는 없다. 나아가 그런 관점과 태도에 근거한 새로운 경제, 즉 생명의 경제가 모색되지 않을 수 없다. 즉, 이 생명의 경제는 지구 안의 비인간 존재에 대한 (최선의, 최대한의) 돌봄을 중요한 가치로 삼는 살림의 경제가 될 것이다. 지금은 추출경제, 인간본위 성장경제에서 생명의 경제, 살림의 경제로 이행하기 위해 돌봄의 가치가 호출되고 있는 시간이다.

4

　우리는 이 책에서 현재의 기후위기와 기후재난 시대에 호출되고 있는, 인간과 비인간을 향한 연대적 돌봄 또는 기후재난의 일상화가 예견되는 시대에 돌봄 원칙으로 사회생태계와 생활세계를 재조직하는 일을 '광의의 기후 돌봄'이라고 부르자고 제안한다. 그런데 이렇게만 말하면 '기후 돌봄'의 외연이 지나치게 넓어진다는 문제가 있다. 일례로 기후재난 상황에서 손실을 최소화하려는 행동은 물론이고, 향후 예상되는 기후변화 영향의 효과를 최대한 낮추기 위해 수행하는 각종 탄소 저감 행동 역시 여기에 포함될 수 있다. 나아가 기후위기를 불러온 화석연료 산업을 전환하는 과정에서 피해자가 없도록 정의로운 전환을 실현하는 일(즉, 산업 노동자, 지역 경제 돌봄)이나 자급경제, 사회적 경제, 지역순환경제를 건설하는 일, 채식으로 이동하거나 항공기 이용횟수를 줄이는 등 생태친화적 생활양식을 실천하는 일까지도 광의의 기후 돌봄에 포괄될 수 있다.

　이러한 광의의 기후 돌봄 개념은 개별적인 기후재난 사건에 대비하고 대응하는 과정에서, 또는 구체적인 삶의 현장에서 요구되는 돌봄 실천의 내용을 한정적으로 지시하기에는 지나치게 넓다는 단점이 있다. 따라서 우리는 이 책에서 재난이 거의 일상이 되다시피하는 뉴노멀 상황에서 삶과 자기실현이라는 목적을 가진 자 모두의 손실 그리고 그것을 야기할 반-돌봄(무관심과 파괴)은 최소화하고 그 복리는 최대화하는 효과, 그리고 사회와 생태계의 적응력/회복력을 증대하고 새로운 활기의 창출로 귀결되는 돌봄에 초점을 맞추고자 하며, 이러한 의미의 돌봄을 '기후 돌봄'이라고 부르고자 한다. 달리 말해 우리의 관심은 일정 수준의 붕괴와 회복과 재구조화가 반복될 근미래의 어두운 시간을 희망과 활기가 깃든 적응의 시간으로 만들어낼, 인간의 실존적 자조 운동으로서의 인간/비인간 돌봄 활동에 집중된다. 나아가 우리의 관심은 지역공동체에 맞추어지는데, 그것은 기후 돌봄 연대 실천이 실제로 가능하고 요구될 물리적 장소가 지역이기 때문이다.

지금은 제 목숨의 위험을 감지한 유기체의 자기보호 활동이 긴요한 시간이지만 근미래의 위험 상황에서 각 유기체의 자기보호는 오직 상호 돌봄의 공동체적 연대를 통해서만 실현 가능하다. 지구의 위험 시계가 신자유주의의 큰 우산 아래에서 각자도생의 길을 걷던 개인들을 향해 공동체의 마당에 모일 시간이라고 경종을 울리고 있다. 우리가 이 책에서 관심을 두는 것은 살아내고자 하는 모든 존재들의, 새로운 미래를 여는 돌봄 연대이다.

구체적으로 어떤 활동이 지역에서 실천 가능한 기후 돌봄 활동 사례로 언급될 수 있을까? 우선 확인해야 하는 것은, 기후 적응 활동과 기후 완화/저감 활동을 무 자르듯 둘로 확연히 구별할 수 없다는 사실이다. 앞서 본 EU 기후 적응 전략에서 제안된 자연기반 해법도 그렇지만, 우리가 실천해야 할 어떤 적응력/회복력 강화 행동은 그간 제안되거나 추진되어온 완화/저감 행동과 사실상 동일한 것이기도 하다. 이를테면 건축물의 에너지/전력 효율성을 높이는 일, 가로수와 공원 등 녹지대나 산림을 건강하게 보존하고 확충하는 일, 훼손된 산림을 복원하는 일, 도시농(도시 텃밭)의 규모를 확대하는 일, 폐기물을 줄이도록 재화-상품을 업사이클링upcycling하는 일 등이다.

　　물론, 방금 얼거한 것들이 우리가 생각하는 기후 돌봄 활동의 전부는 아니다. 지역 단위의 기후 돌봄 활동은 중앙정부와 지방정부에서 추진해왔고 추진하게 될 각종 기후 적응 행동에 비해 훨씬 더 심원하고 실존적이고 정서적인 적응력/회복력 강화 행동일 것이다.

　　어떤 점에서 그럴까? 우선, 기후 적응은 공공과 행정이 공적 예산을 투입해서 추진하는 공적 사업의 이름이기 쉬운 반면, 지역의 기후 돌봄 활동은 시민과 지역사회의 자조적이고 상호부조적인 지역 보호 활동이면서 동시에 참여자들의 자아 해방적 연대 활동이 될 수 있다. 그러나 이 둘의 흐름은 "국가 적응정책이 실현되는 곳은 지역이며, 대부분의 적응정책의 실행 책임은 지역에 있다"[25]는 점에서 만나야만 한다. 지역 단위에서 기후변화 적응력/회복력 강화를 위한 시민 참여 거버넌스가 긴요한 이유이다.

또한 이 돌봄 실천에 나서는 이들이 자기와 피해자의 마음과 기운을 살리는 일에, 지구 안의 모든 존재자들의 연대에 진심으로 관심을 두게 될 것이라는 점에서, 기후 돌봄은 심원하고 실존적이고 정서적이다. 돌봄은 가치이자 동시에 실천이되[26] '필수불가결한 것(없어서는 안 될 것)'과 관련된 가치이자 실천이다. 인간중심적으로 말해보자면, '돌봄'은 어떤 개인의 생존과 번영에 '없어서는 안 될 것들'의 결여 상황을 그 자신이나 다른 누군가가 해소하는 것이 마땅하다는 가치와, 누군가가 그것을 실제로 해소하는 행동을 동시에 지시한다.[27] 그리고 개인의 생존과 번영에 없어서는 안 될 것들에

---

25 Bauer, A., Feichtinger, J., & Steurer, R, The Governance of Climate Change Adaptation in 10 OECD Countries: Challenges and Approaches, *Journal of Environmental Policy & Planning*, 2012, 14(3), 288. 고재경 외, 「지역 기후변화 적응 거버넌스 연구」, 경기연구원, 2015, 14에서 재인용.

26 Virginia Held, *The Ethics of Care*, Oxford University Press, 2007.

27 에바 페더 키테이Eva Feder Kittay는 돌봄의 목적이 돌봄을 필요로 하는 이의 피어남이라고 말한다. 타인의 피어남을 위해 애쓰는 것이야말로 돌봄이라는 것이다. (에바 페더 키테이, 김준혁 옮김, 《의존을 배우다》, 반비, 2023.) 여기서 우리가 말하는 '번영'이 바로 이 '피어남'을 함의한다.

는 위생/건강을 유지해주는 의식주 관련 물품/물질 외에도, 대체로 평온한 마음[정서, 뇌파], 미래를 헤쳐나갈 수 있으리라는 어느 정도의 자신감, 붕괴되지 않을 세계에 대한 어느 정도의 신뢰감 같은, 흔히 비물질적이고 심리적이라 간주되는 것 역시 포함된다. 기후재난의 무서움은, 후자 역시 여지없이 파괴하기 쉽다는 점에 있다. 태풍이 망가뜨리는 건 그저 피해자들의 집이나 냉장고나 옷장만은 아니다. 세계와 미래를 긍정적으로 보는 태도, 어떻게 해서든 잘 살아갈 수 있다는 희망감 역시, 태풍이 지나갈 때, 피폭되기 쉽다. 구호물품이나 재난지원금 같은 것으로는 이러한 마음의 피폭이 쉽게 복구될 리 없다. 이런 상황에서 요구되는 것은 정부의 메뉴얼에 적혀 있는 적응정책, 대민지원정책의 시행이 아니라 피해자가 회복되기를 바라는, 살과 피를 지닌 누군가의 진심 어린 마음 지원, 즉 마음 돌봄이다.

또 하나, 이러한 마음의 차원, 정서의 차원, 마을과 지역의 차원에서 진행될 회복력 강화를 위한 돌봄 연대 활동이야말로 계속해서 지체되어온 자발적 기후 완화/저감 행동을 촉진하고 촉발하는 원동력이 될 것이다. 당위로서 제시된 온실기체 배출량 저감이 줄곧 지연돼온 것은 단순히 자본주의 경제에 속박된 북반구 각국 정부의 무능 탓만은 아니다. 그 무능은 새로운 정부를 세우지 못한 시민사회의 무능과 연결되어 있고, 이것은 소비주의를 떨치지 못하는 개인들의 무능과 연결되어 있다. 바로 이 사슬을, 각 지역 단위에서 시작되는 기후 돌봄 연대 활동이 깨뜨리게 될 것이라고 우리는 조심스럽게 짐작해본다. 왜냐하면 인간은 자신이 가치 있는 존재라고 여기는 이들, 자신이 좋아하는 이들로부터의 인정, 즉 사회적 인정을 절대적으로 필요로 하는 사회적 동물이고, 지금 우리에게 필요하고 결핍되어 있는 건 전과는 다르게 살고 싶은 욕망이 아니라 그 욕망을 쏟아낼 사회적 마당이기 때문이다. 실존적 자구책으로서 우리가 앞으로 '싫어도 하게 될' 이 돌봄 실천의 사회적 마당이야말로 새로운 기후행동의 동력이 될 것이라고 우리는 예상한다.

그러니까 '우리 마을'을 어떻게 예상되는 재난에 더 잘 준비된 마을로 만들 것인가라는 의제를 둘러싼 이야기의 마당(이것을 초기 이야기 마당이라 불러보자)은, 반복과 진화와 승화의 과정을 거쳐 어떻게 하면 인류사회 전체가 기후 급변점tipping point을 넘지 않도록 우리 마을이 기여할 수 있을 것인가라는 의제를 논하는 이야기의 마당(후기 이야기의 마당)으로 이어지고 또 번지게 될 것이다. 이 후기 이야기 마당의 소중함이야 새삼 말할 것조차 없다. 사실 자기와 가족, 친구들과 후손, 마을과 지역의 미래를 염려하며 실행되는 모든 소소한 실천들은 지구의 안정된 기후라는 커먼즈를 위해 무엇을 할 것인가에 대한 관심을 품고 있어야 비로소 의미 있다. 다르게 말해, 모든 작은 단위에서 구현되는 개개의 기후행동은 기후붕괴 사태를 막아낸다는, 최종적이고 집합적인 실천 결과에 연결될 때 비로소 그 빛이 날 것이다. 자구책으로서 실행되는 마을 단위의 각종 기후 돌봄 실천 역시 마찬가지이다.

그러나 기후붕괴를 막아야 한다는 그 절대적인 당위 역시 '지구'나 '환경'을 위하는 고상한 도덕심에서가 아니라 각자의 생활공간에서 발생할 수도 있는 물리적 손상, 경제적 피해에 대한 실존적이고 신체적인 불안과 두려움에서 나오는 것이 맞다. 그리고 기후붕괴를 막으려는 개인적이고 집합적인 행동이 분출될 수 있는 계기 역시, 그 그림이 잘 잡히지도 않는 지구를 지키고 구하겠다는 허황된 도덕심이 아니라 미래의 내 가족과 보금자리와 마을/지역, 동료 이웃과 후세대 등의 피해를 최소화하고 그(것)들의 복지를 돌봐야만 한다는 마음의 결단, 또는 개인적 깨달음이나 발심 바로 그 자체일 가능성이 크다. 그런 결단, 깨달음, 발심이 있을 때 비로소 기후 급변점 돌파를 저지하려는 기후 완화/저감 행동 역시 확산적 힘이 있는 대중 행동이 될 것이다.

반대로 생각해, 그간 기후 문제를 자기의 실존적 문제, 즉 자기의 삶과 경제와 생명을 지키는 문제로 받아들이고 삶의 장소인 마을/지역부터 되살피고 지켜야겠다는 자연스러운 마음의 움직임이 빈곤했기 때문에 대중 운동적 수준의 기후완화/저감 행동은 줄곧 빈약했던 것이 아닐까? 완화/

저감 행동이 강력한 대중 행동이 되기 위해서는 기후 회복력 강화에 초점을 둔 돌봄 운동이 촉발되고 확산될 필요가 있다. 회복력 강화 작업은 다양한 이념적 취향 집단에 호소할 가능성이 크고, 그간 생태 오염/파괴 문제에 무관심했고 기후행동에 선뜻 나서지 않았던 이들까지 이 작업의 마당에 호출할 수 있다. 나아가 기후변화 과학이나 에너지, 탄소배출량 등에 관한 난해하고 추상적인 논의의 관문 탓에 기후 시민의 대열에 선뜻 참여할 수 없었던 이들까지도 호출할 수 있다. 어떤 이들은 회복력 강화가 보다 견고한 사회를 건설하는 공동체 활동, 연대 활동을 포함하기 때문에 이를 좋아할 것이고, 어떤 이들은 생명과 재산을 보호하기 때문에 좋아할 것이다. 그들이 어떤 이들이었든, 회복력 강화를 위한 돌봄 연대 활동의 마당에 진심으로 참여한 이들이라면, 그들이야말로 우리의 새로운 친족이다. 그리고 이처럼 다양한 욕망의 주체들의 감정적 연대를 기반으로 완화/저감 행동이 거센 물결을 이룬다면, 어쩌면 획기적이고 혁명적인 길이 열릴지도 모른다.

모두에게 닥친 기후위기 상황에서 내가 돌봐야 하는, 나를 돌봐줄 인간/비인간 친족이 있다는 사실에 대한 인지, 같은 위험에 맞서는 공동체의 감정 연대, (되찾은) 지역적 정체성—이 모든 것이 더 더워지고 더 추워질 두려운 세상에서 우리를 지켜내고 전진하게 할 고마운 힘, 기운, 기력으로서 오늘 우리에게 요구되고 있다.

기후위기와 기후재난은 인간의 총체적 위기, 총체적 재난으로서 총체적 수준의 인간 돌봄, 세계 돌봄을 요청한다. 혹한이 닥치면 재두루미와 황제펭귄 같은 이들은 각자의 신체를 다닥다닥 붙여 열을 보존하고 따뜻한 자리를 번갈아 바꾸면서—이런 행동을 영어로는 '허들링huddling'이라 부른다—맹추위를 견딘다. 이러한 상호 돌봄이 지구상 모든 동물이 위기 상황에서 발휘하는 지혜이다. 지금 우리에게도 이러한 허들링이, 웅크린 몸을 붙이고 서로를 돌봐주는 행동이 필요하다. 앞으로 점점 더 거세질 것으로 예상되는 기후재난의 파도는 흩어져 있고, 분열해 있고, 서로 대립하기도 하는 인간집단의 상호 돌봄을 호출하면서, 그것을 요청하면서, 우리에게 다가오고 있다.

　　기후위기의 시대는 기후 회복력과 돌봄의 시대이다.

기후 회복력의 시대, 돌봄의 확장

한신대 생태문명원

신지혜

1. 기후변화 대응에서
회복력과 돌봄의 의미

위기의 시대이자 파국이 거론되기까지 하는 시대이다. 지구의 모든 대륙에서 일어나고 있는 기상이변과 이로 인한 재난 발생의 빈도와 강도가 가파르게 증가하고 있다. 인류를 포함해 지구상의 수많은 존재들을 여섯 번째 대멸종으로 이끌고 있는 오늘의 심각한 기후위기 상황은 1970년대 이래 우리가 추구해온 지속가능발전의 실패를 말해주고 있다.[1] 지혜로운 인간, 호모 사피엔스는 지구온난화 자체와 그 원인에 대한 논쟁에 너무 많은 시간과 에너지를 소모해버렸다. 또 온실기체를 배출에 대한 책임을 다투는 동안 지구온난화는 가속되었고, 이런 저런 논쟁의 시간이 무색하게도 이제 우리는 기후비상 또는 기후위기라는 용어를 자연스럽게 받아들이고 있다. 최근까지 거의 모든 학문 분야를 강타했던 인류세 논쟁도 사회와 일상의 변혁을 이끌어내는 필수 담론으로는 확장

---

1   지속가능발전의 시작을 보는 관점은 다양하다. 환경문제와 경제 발전에 관심을 가지기 시작한 1970년대나 그 이전이라는 관점도 있는가 하면, IUCN이 지속가능발전이란 용어를 처음 사용한 1980년이라는 주장도 있으며 《우리 공동의 미래》가 발표된 1987년을 시발점으로 보는 경우도 있다. 여기에서는 1970년대, 특히 유엔인간환경회의가 개최된 1972년을 그 기원으로 보고자 한다.

되지 못하는 모양새이다.[2] 이렇게 위기라는 말이 일상화되다 못해 무관심의 대상이 된 상황이 진정 우리가 극복해야 할 위기가 아닐까?

무엇이 우리 모두를 이 지경에 이르게 했을까? 성장을 통한 번영을 포기하지 않고 지속할 수 있다는 어리석은, 그러나 강박적인 믿음 때문이 아닐까 싶다. 제러미 리프킨(Jeremy Rifkin)은 우리가 기후변화로 대변되는 심각한 위기 상황으로 내몰리고 재야생화되는 자연 앞에 속수무책 쫓기게 된 이유를 '잘못 읽은 세상의 이치'로 설명하고 있다.[3] 즉, 현재 우리가 직면한 위기는, 데카르트와 뉴턴 이후 400년간 인간 사고방식의 틀로 작용해온 기계적 우주와 가역적 운동의 법칙에 대한 믿음에 따라 과학계와 경제계가 만들어낸 효율성과 끝없는 성장의 내러티브에 갇혀 잘못된 경로를 답습한 결과라는 것이다.[4] 근본적으로 이 잘못된 경로를 수정하지 않았기

2 　기후변화는 대규모 멸종과 함께 인류세의 대표 징후로 꼽힌다. 인류세란 인간의 과학적, 산업적, 경제적 활동이 지구에 지울 수 없는 흔적을 남기고 있는 현상을 반영하기 위해 제안된 새 지질시대 명칭이다. 플라스틱, 이산화탄소, 방사능물질, 콘크리트 등 인간이 만들어낸 물질로 인해 지구가 손상된 시대를 말한다.

3 　제러미 리프킨 지음, 안진환 옮김,《회복력 시대》, 민음사, 2022, 41.

4 　데카르트는 우리의 동료 생명체인 동물들을 "영혼 없는 오토마타"라고 규정했고, 뉴턴에게 우주는 질서 정연하고 자발성이나 예측 불가능성은 없는 것이었다. 이 두 과학자가 정리하고 설명한 물질과 우주의 법칙

때문에 지속가능성을 추구하겠다고 하면서 지속가능발전에만 심혈을 기울여왔다. 그러다 보니 기후변화에 대응하기 위한 노력 역시 성장 프레임에서 벗어나지 못하고 화석연료를 대체할 에너지 개발과 배출권 거래제 등을 통한 온실기체 감축과 같은 완화mitigation에 방점이 찍혀 있었다. 그러나 완화적 대응을 위한 구조와 체계를 갖추고 실행하는 데 골몰해온 동안 온실기체 농도와 지구의 평균기온의 상승폭은 더욱 가팔라졌다.

파리기후협약만큼 국제사회의 호응이 뜨거웠던 약속이 있었던가. 그만큼 기후변화를 막기 위한 노력에는 이미 많은 시간과 인적, 물적 자원이 소요되었다. 하지만 이와 같은 방향조차 한계에 직면한 듯하다. 그럼에도 모두의 지속을 위한 노력을 멈출 수는 없다. 말 그대로 비상 상황이다. 회의론과 비관, 체념을 넘어선 이 위기를 타개해나갈 새로운 동력이 필요하다. 이 새로운 동력을 만들기 위해 우리가 앞으로 해야 할 일은 효율성 패러다임의 기저에 있는 잘못된 믿음을 수정해서 새로운 서사를 만들어내고 그것에 근거하여 생각하고 행동하는 것이다.

<hr />

을 받아들여 경제학을 비롯한 국가와 정부의 조직 및 운영, 종교 등에 영향을 미친 주류의 세계관이 형성되었다.

새로운 서사와 회복력

새로운 서사의 일부로 삼아야 할 중요한 개념으로 회복력resilience이 떠오르고 있다. 즉, 기후변화 대응에서 새로운 사고와 시스템으로 강조되고 있는 하나의 개념이 바로 회복력이다.[5] 생태학자 홀링Holling은 물리학 용어로부터 시작된 회복력 개념을 '변화나 교란을 흡수하는 생태계의 수용력'으로 정의했다.[6] 홀링의 생태적 회복력과 안정성 논의는 생태학뿐 아니라 심리학과 사회학, 정치학, 인류학, 물리학, 화학, 생물학, 공학 등 거의 모든 학문 분야에 영향을 미쳤다. 홀링은 자연의 회복력과 적응에 관한 초기의 이론을 발전시켜 생태와 사회를 융합하고 경제 이론과 실제에 관한 근본적이고 새로운 과학적 방법의 기반을 마련했다. 사회-생태회복력social-ecological resilience 개념이 그것이다. 사회-생태회복력은 시스템의 학습·적응 역량을 통해 교란 혹은 충격을 흡수하고 시스템을 유지·발전시키는 능력을 의미한다. 사회-생태회복력은 생태적 회복력을 넘어서, 종종 다른 상태에 적응

---

5   탄력성 또는 회복탄력성 등 분야와 사용자마다 다르게 번역되기도 하고, 최근에는 본래의 함축된 의미를 담아내는 데 한계가 있어 번역하지 않고 '리질리언스'를 그대로 사용하는 경향이 있으나 본고에서는 '회복력', 특히 '기후 회복력'으로 통일해서 사용하고자 한다.

6   Holling, C. S., Resilience and Stability of Ecological Systems, *Annual Review of Ecology and Systematics*, 1973, 4(1), 1-23.

하거나 새로운 발전을 이끄는 창발적인 사회적 생존능력까지 포함하는 것으로 이해된다.

회복력의 의미 확장은 생태시스템과 사회시스템을 서로 통합시켜 실제 세계를 이해하는 틀로 바라보는 사회생태시스템의 관점을 기반으로 한다. 이 관점에서 회복력 개념은 시스템의 '상태'가 아니라 변화에 적응하는 '과정'에 초점을 두고, 관계적 측면에서 시스템 내부의 상호작용뿐 아니라 여러 스케일 간의 상호작용과 피드백을 강조한다.[7] 그렇다는 것은 사회적 회복력과 생태적 회복력이 현실에서는 중첩되거나 동일하다는 것, 적어도 인간사회를 회복하는 과정에 생태적 회복 과정이 포함된다는 것을 의미한다. 가장 중요한 것은 회복력이 시스템 내부의 관계의 지속성을 결정한다는 것이다. 즉, 어떤 생태계의 소멸이나 사회의 붕괴라는 결과를 피하기 위해서 우선적으로 해야 할 일은 시스템의 회복력을 유지하고 강화하는 것이다.

이렇게 볼 때 기후 회복력은 이러한 사회-생태회복력 논의를 기후변화 대응에 적용한 것이라 할 수 있다. 2021년 EU집행위원회가 제시한 장기 비전은 2050년에 EU가 '기

---

7 Folke, C., Resilience: The Emergence of a Perspective for Social-Ecological Systems Analyses, *Global Environmental Change*, 2006, 16(3), 253-267.

후 회복력이 있는 사회가 되는 것'이다.[8] 이러한 비전 아래 유럽은 통제와 예방 대신 변화에 적응하고 손실과 손상을 회복하는 데 초점을 맞춘 기후위기 대응 전략 체계를 구축해가고 있다.

뉘앙스에 미세한 차이가 있긴 하지만, 기후 회복력은 기후 적응력이라는 표현으로도 대체 가능하다. 글로벌적응위원회Global Commission on Adaptation는 적응을 중심으로 하는 기후 대응 방법이 "후회 없음", 즉 궁극적인 기후 경로에 관계 없이 추구할 가치가 있다고 강조했다. 자연기반 해법, 기후재난으로 인한 위험에 대한 예방, 기후 적응의 사회적, 환경적, 문화적 혜택과 같은 다양한 공동 이익을 얻을 수 있기 때문이다. 특히 적응 중심의 기후변화 대응은 미래 세대, 자연 그리고 물질의 손실을 방지하고, 위험을 줄이며, 생산성을 높이고 혁신을 촉진하여 경제적 이익을 창출한다.[9]

버락 오바마 전 (미국) 대통령의 기후변화 적응 TF의 연구자였던 롭 버칙Rob Verchick 역시 기후변화 대응에서 적응의 중요성과 기후 회복력의 필요성을 역설한다.[10] 버칙은 기

8   EU Commission, 「Forging a climate-resilient Europe-the new EU Strategy on Adaption to Climate Change」, 2021, 4.

9   EU Commission, ibid., 2.

10   Rob Verchick, *The Octopus In The Parking Garage*, Columbia Univer-

후변화로부터 '벗어나는 것outrun'은 불가능하며, 기후변화를 '극복outsmart'하기 위해서는 회복력이 필요하다고 강조한다. 그는 기후변화 극복을 기후 영향을 "인식하고 대비하는 것" 이라고 정의했다. 그 연장선에서 "회복력이란 어떤 공동체의 '중심된 특질', 즉 공동체 의식을 형성하는 역사적, 문화적, 경제적 요소들을 보존하는 방식으로 기후충격을 관리하고 그로부터 회복할 수 있는 능력"이라고 말한다.[11]

같은 맥락에서 EU집행위원회는 기후 회복력을 갖춘다는 것은 곧 부적응을 피하는 것이라고 명기하고 있다. 더불어 EU의 적응 정책, 적응 조치는 다른 정책과 통합된 방식으로 시행되어왔다. 구체적으로 생물다양성 전략, 혁신의 물결, 농장에서 식탁까지 전략, 순환 경제와 제로 오염 실행 계획, 산림 전략, 토양 전략, 스마트하고 지속가능한 운송, 새롭고 지속가능한 금융과 같은 유럽 그린 딜European Green Deal 계획들에 연결되어 있다.[12] 이러한 방식의 기후위기 대응 전략은 기존의 완화 중심의 대응보다 더 포괄적이고 확장적이며 융통성이 있다. 또한 EU집행위원회는 기후 적응의 이점이 광범

sity Press, 2023.

11   Rob Verchick, ibid., 10.

12   EU Commission, ibid., 3.

위하고 공평하게 공유되기 위해서는 정의롭고 공정한 방법으로 회복력을 달성하는 것이 필수적이라고 말한다. 유럽 지역과 시민은 농업, 어업, 관광업 등 기후에 영향을 받는 부문의 일자리 손실 등 기후변화의 직접적인 영향을 받는다. 다양한 지역과 사회·경제적 집단은 불평등하게 기후 영향에 노출되고, 기후변화로 인한 취약성은 기존의 불평등과 취약성을 더욱 악화시킨다. 이처럼 기후변화가 누구에게나 고르게 영향을 미치는 것이 아니기 때문에 남성과 여성, 노인, 장애인, 난민, 소외계층 등 저마다 다른 적응 능력을 가지고 있다는 점을 신중히 고려해서 기후 적응 조치와 전략을 적용할 필요가 있다. 그만큼 기후 회복력 강화를 위해 취약성과 불평등을 고려하는 것이 매우 중요하다는 것이다.

　　기후 대응에 대한 EU의 새로운 방향, 즉 기후 회복력 구축 전략은 효율성 내러티브에서 회복력 내러티브로의 패러다임 전환을 대표하는 움직임이라 할 수 있다. 지금까지 효율성 내러티브는 공정, 평등, 도덕, 심지어 자연계에 대한 인류의 책임 등을 둘러싼 근본적인 문제를 회피하는 데 편리한 도구가 되었다.[13] 특히 경제성장과 효율성을 강조해온 지금까지의 서사에서는 '취약성을 살피는 것'과 '불평등을 고려하는 것'

13　제러미 리프킨, 앞의 책, 41.

은 정책의 구색을 갖추기 위한 부수적인 것이었다. 그 결과 기후 대응의 시급성에도 아랑곳없이 기후행동 미루기가 나타나고, 점점 심각해지는 기후재난으로 인류를 포함한 지구상의 모든 존재들의 취약성은 더욱 증대하고 있다.

새로운 서사와 돌봄

이러한 취약성의 증대는 돌봄의 필요성을 소환한다. 따라서 회복력과 함께 '돌봄' 역시 새로운 서사의 일부로 삼아야 할 중요한 개념일 것이다. 효율성 내러티브 프레임에 갇힌 세계는 전 세계적 기후변화 대응에서 그랬던 것처럼 돌봄 분야에서도 심각한 수준으로 실패해왔다. 바람직한 돌봄은 모든 구성원의 돌봄받을 권리가 보장되는 것이지만, 현재의 돌봄 상황은 그렇지 못하다.

우리는 코로나19라는 세계적 재난을 겪으면서 그간의 돌봄 정책과 문화의 한계를 인식할 수 있었다. 고삐 풀린 자본주의는 돌봄을 구매 가능한 일종의 서비스로 치환했고 돌봄 시장을 형성해서 돌봄 수혜자와 돌봄 제공자의 범위와 역할을 제한해왔다. 이런 상황에서는 자연스럽게 환자나 장애인, 어린이와 노인 같이 특수한 상황에 처한 사람에게만 돌봄이 필요한 것으로 보는 시각이 지배적이었다. 또한 여성을 주 돌봄자로 간주하는 젠더 체제 또한 너무 완고하여 그 틀을 깨기가 쉽지 않았다. 나아가 돌봄 노동의 가치가 평가 절하되는 바람에 경제활동의 밖에 실재하는 폭넓고 다양한 형태의 돌봄들이 간과되었는가 하면, 더 나은 돌봄에 대한 상상은 가로막혀왔다. 사실 무조건적 효율성의 추구는 돌봄에 대한 외면과 동의어라 할 수 있다. 따라서 돌봄의 시장화로 대변되는 편협한 돌봄의 한계를 극복한 온당한 의미의 돌봄이 어떤 것인지 생각해볼 필요가 있다.

특히 기후위기와 같은 전면적이고 총체적인 위기 상황에 대응하기 위해 요구되는 돌봄의 의미와 가치에 대한 사고를 확장할 필요가 있다. 이러한 시대적 요구에 대응하여 《돌봄 선언》의 저자들은 "돌봄을 우리 삶의 모든 영역에서 구성 원칙으로 여기기 위해" 가능한 한 넓은 영역으로 돌봄의 관점을 확장하고 이 영역 사이를 넘나들며 돌봄의 관계를 재정립할 필요를 제시하고 있다.[14] 잘못된 가치체계를 전환하는 핵심적인 작업으로 돌봄을 우리 일상의 보편적 가치이자 현실에 천착한 실천으로 만든다면, 기후위기 상황의 어려움을 극복하는 과정에서 새로운 삶과 번영의 가능성을 만들어낼 수도 있을 것이다.

회복력과 확장된 의미의 돌봄을 새로운 내러티브의 키워드로 삼는다고 할 때, 우리는 어떤 대안적인 사회를 상상

---

14 더 케어 컬렉티브 지음, 정소영 옮김, 《돌봄선언》, 니케북스, 2021, 48.

할 수 있을까? 《디그로쓰》의 저자들은 효율성만을 좇아온 성장 경제 내러티브를 대체할 대안들이 이미 존재한다고 말한다. 그리고 "수많은 이들이 타인들과의 연대 속에서 단순하게 사는 삶을 자축하는, 오랜 세월에 걸쳐 진화한 전통 속에서 살아가고 있음"에서 답을 찾는 것이다. 타인들과의 연대 속에서 단순하게 산다는 것은 곧 성장주의와 효율성 내러티브가 주류인 세계에서 돌봄과 자족을 중시하는 또 다른 세계를 구축한다는 것을 함축한다. 이들의 실천은 생명다양성 손실과 기후변화의 흐름을 바꿔보려는 글로벌 프로그램들과 서로 일맥상통하는 면이 있다. [15]

　　　기후변화로 재난이 일상화되는, 즉 모두가 점점 더 취약해지는 현대 사회에서 기후 회복력 개념과 확장된 돌봄 개념은 필연적으로 만날 수밖에 없다. 회복력과 확장된 의미의 돌봄을 밑바탕에 둔 새로운 내러티브가 기후비상시대의 패러다임으로 출현할 수 있다면, 파국으로 향한 것이 아닌 다른 경로가 우리에게 가능할 것이다. 이 글에서는 이러한 주장의 근거들을 정리하기 위해 우선 돌봄 개념이 어디에서 유래했는지, 어떤 이유로 보편적 돌봄이라는 개념이 나타났는지부터 살펴본다. 이어서 돌봄의 대상, 돌봄이 이루어지는 장소

15　요르고스 칼리스, 수전 폴슨, 자코모 달리사, 페데리코 데마리아 지음, 우석영·장석준 옮김, 《디그로쓰》, 산현재, 2021, 81.

그리고 관계의 측면에서 돌봄 개념이 어떻게 확장 가능한지를 살펴본다. 마지막으로 기후 회복력과 확장된 의미의 돌봄이 효율성 내러티브를 대체할 새로운 내러티브의 핵심 키워드로서 어떤 의미를 지니는지 생각해보고자 한다.

2. 돌봄 대상의 확장
─취약한 자 모두가 돌봄 대상이다

'돌봄'에 관한 사전적 정의는 다른 사람에게 육체적·심리적 도움을 '직접' 제공하는 일이다. 1980년대까지 돌봄은 간호의 핵심 혹은 본질로 간주되었다. 간호 행위, 즉 돌봄의 속성은 도덕적 의무 혹은 이상, 대인 상호작용, 치료적 개입 등으로 이해되었다. 결국 돌봄은 인간 대 인간 사이에서 이루어지는 정신적·물리적 상호작용이며 실체가 있는 행위이고, 그 결과는 환자 개인의(인간적) 경험과 신체적 반응으로 나타난다.[16] 다시 말해 인간 돌봄에서 '돌본다'는 것은 인간의 역량을 발휘해서 돌봄이 필요한 인간에게 정신적·물리적

---

16 Morse JM, Solberg SM, Neander WL, Bottorff JL, Johnson JL, Concepts of caring and caring as a concept, *Advances in Nursing Science*, 1990, 13(1):1-14.

도움을 제공하는 것이고, '돌봄을 받는다'는 것은 이러한 도움과 그 영향을 '경험'하는 것이다. 이처럼 돌봄 개념은 인간 대 인간의 전면적 상호작용과 상호경험에 초점을 맞추어 발전해 왔다.

인간의 경우 생명의 시작부터 돌봄이 필요하다. 인간종은 다른 동물에 비해 한 개인으로 기능하기 위한 독립까지 상대적으로 매우 오랜 기간을 필요로 하고, 이 과정에서 긴 시간 돌봄을 제공하는 역할은 주로 어머니라는 여성 개인이 맡게 된다.

그런데 적지 않은 경우, 당연하게 인식된 돌봄자 역할에 대한 과부하가 어머니 개인의 취약성이 되기도 하다. '엄마도 엄마가 필요해'라는 말은 돌봄자 개인도 돌봄을 필요로 하는 취약한 존재임을 대변하고 있다. 돌봄자의 취약성은 어떻게 해결해야 할까?

돌봄받는 자와 돌봄자의 불평등한 구분과 책임 분담에 대한 문제제기를 통해 돌봄 대상의 확장 논의가 이루어져왔다. '돌봄받을 자격을 갖춘' 북반구의 중산층 가족 구성원들은 당연하게 돌봄의 대상이 되고 있지만 돌봄자인 여성은 어떤가? 돌봄 노동을 '여성'의 일로 간주하는 가부장적 각본은 새로운 형태의 돌봄 성차별주의를 유발했고 또 공고히

했다.[17]

　　트론토Tronto 역시 돌봄 책임의 분담의 측면에서 대상의 불평등 문제에 주목하고 있다. 그는 모든 인간이 돌봄의 대상이 되며, 민주주의의 방식대로 모두 돌봄의 책임을 져야 한다고 주장한다.[18] 돌봄에 대한 무임승차권을 얻어 돌봄자로서의 책임에서 면제된 이들도, 돌봄을 필요로 하는 이들임을 인정해야 한다는 것이다. 이때 전통적으로 돌보는 자의 역할에서 면제되었던 이들의 무임승차권을 회수하는 정당한 근거는 인간의 보편적 취약성에 있다. 바로 이 보편적 취약성을 보편적 권리의 근거로 두면, 돌봄의 대상은 모든 인간으로 확장되고, 돌봄자와 돌봄받는 자의 전통적인 경계가 모호해진다. 20세기 후반부터 돌봄자의 원형인 어머니를 대신할 '친구'와 돌봄의 네트워크 구성원들로서 '선택 가족'이나 '대안 친족 구조'가 생활 단위에서 받아들여지는 분위기가 형성되었고 (탈전통화), 돌봄 대상의 확장을 이끌어왔다.[19]

　　구성원 간 동질성에 바탕을 두지 않은 상태에서 '나

17　김현미, 국경을 넘는 여자들, 조한진희·다른몸들 기획, 《돌봄이 돌보는 세계》, 동아시아, 2022, 289.

18　조안 트론토 저, 김희강·나상원 역, 《돌봄 민주주의》, 아포리아, 2014, 8.

19　더 케어 컬렉티브, 앞의 책, 71-72.

와 같은 타인들'을 대상으로 돌봄이 이루어지기도 한다. 이 경우의 돌봄은 대면 돌봄이 아닐 수도 있고, 구성원의 농밀성에 기반한 친족 관계를 전제하지 않을 수도 있다. 자신이 속한 공동체나 그 구성원도 돌봄의 대상이 될 수 있다. 온라인 공간에 조직된 트렌스젠더 공동체를 예로 들 수 있겠다. 이 돌봄 네트워크의 구성원은 모두 트렌스젠더일 필요가 없다. 공동체의 구성원에게 요구되는 것은 소속감과 서로 의존한 상태로 서로가 서로를 돌본다는 공동의 목표에 대한 공감이다. 이렇듯 돌봄 대상들 간의 관계에서 공감과 상호의존성에 대한 인지는 돌봄 대상을 공동체로 확장시키고 대면 돌봄의 범주를 넘어서게 한다.

인간을 넘어서 비인간으로 돌봄 대상을 확장하는 것도 생각해봐야 한다. 더 케어 컬렉티브는 돌봄 대상을 실험적으로 확장해가는 '난잡한' 돌봄을 제안한다. 이 돌봄은 "가장 가까운 관계부터 가장 먼 관계에 이르기까지 돌봄의 관계를 재정립하며 증식해가는 윤리 원칙"에 기초한다.[20] 인간의 갓난아기가 드러내는 취약성과 돌봄의 필요성은 사실 비인간 생물에게서도 고스란히 발견된다. 나아가 전통적으로 자연의 서비스로 여겨지던 것 역시 '돌봄'이라는 새로운 관점에서

20   더 케어 컬렉티브, 앞의 책, 81.

재인식될 필요가 있다. 인간과 비인간 생물의 몸은 그 각각이 돌봄의 관계망을 구성하면서 동시에 무생물을 포함한 자연의 무조건적인 기부, 즉 일종의 돌봄을 통해서만 생존할 수 있다. 인간의 몸은 지구의 물질이 지나가는 통로이자 에너지 소비 기관이며, 먹이사슬로 대표되는 구조에 의해서 무수한 비인간 생물과 연결되어 있다.[21] 모든 존재의 상호연결에 의해 영향을 받는 이 관계망의 돌봄을 확장된 공동체 돌봄이라고 할 수 있을 것이다. 따라서 일차적으로 우리 모두의 생존을 위해서 지구상에 존재하는 비인간 생물과 무생물까지 돌봄 공동체의 구성원으로 포함하는 것이 필요하다.

　　　돌봄 대상의 측면에서 돌봄받는 자와 돌봄자를 분리하는 인간 돌봄이 전통적인 돌봄이었다면, 확장된 돌봄 프레임에서는 모든 존재들 간의 상호연결성과 보편적 취약성에 근거하여 인간을 넘어서 비인간 생물, 무생물까지 돌봄 대상의 외연이 넓어진다. 기후재난이 모두의 생존을 위협하고 있는 현재의 상황은 모든 존재의 보편적 취약성과 상호의존성에 대한 인식을 바탕으로 한 무차별적 돌봄을 요구하고 있다.

21　제러미 리프킨, 앞의 책, 51.

3. 돌봄 공간의 확장
─돌봄 관계자 간의 거리와 관계의 확장

　　누군가의 취약성이 어디에서 근원하며, 돌봄받는 자와 돌보는 자가 누구이고 그들이 어떤 상황에 놓여 있는지, 돌봄이 어디에서 어떤 방식으로 이루어져야 하는지를 판단할 때 공간적 맥락성은 중요한 열쇠가 된다. 사회학자 에릭 클라이넨버그Erick Klinenberg는 《폭염 사회》에서 다양한 사람과 제도가 어떻게 시카고라는 도시의 기후재난 상황과 집단적으로 관련을 맺는지 설명하고 있다.[22] 특히 다양한 수준의 공간에서 기후재난 상황이 어떻게 맥락화되는지 잘 보여준다.

　　돌봄 대상이 확장될 경우, 돌봄이 수행되는 공간의 규모와 특성은 어떻게 달라질까? 전통적으로 돌봄이 이루어지는 공간은 집(가정)이었다. 돌봄 관계자 간 거리와 관계가 가장 가까운 공간인 집 안에서는 자연스럽게 돌봄자와 돌봄받는자가 서로의 역할이나 책임을 각자의 맥락에서 받아들이고, 상호의존의 필요성 역시 쉽게 공감한다. 즉, 집은 이런저런 돌봄이 필요한 상황이 생기면 누가 돌봄자가 되어 어떤 돌봄 활동을 해야 할지가 쉽게 결정되고 그 결정에 따라 즉각적

22　에릭 클라이넨버그, 홍경탁 옮김, 《폭염 사회》, 글항아리, 2018.

인 실천이 가능한 공간이다.

그러나 최근에 '가정'은 돌봄의 필요를 채워준다는 전통적인 의무와 필연적인 관련이 없는 장소가 되고 있다. 20세기에 접어들어 인간 발달에 대한 이해가 높아지면서 돌봄은 좀 더 전문화되었고 가사 영역에서 점차 분리되기 시작했다. "정성이 담긴 돌봄의 전문화"[23]는 예전에 가정에서 충족되었던 돌봄 의무를 대신 수행하는 가정 밖의 다양한 기관, 즉 학교, 병원, 호스피스 병원, 양로원과 장애인 돌봄 시설, 장례식장 등을 탄생시켰다. 결국 돌봄에 관계하는 주체의 확장(기관과 공동체 차원)은 공간의 확장으로 이어졌다.[24] 이 과정에서 전문화된 돌봄은 시장의 방식을 차용해서 사적 기업의 서비스의 성격을 갖게 되거나, 국가나 지자체가 제공하는 복지(공적 서비스) 혜택으로 변화되었다.

전문화된 돌봄이 사적·공적 서비스 형태로 제공되는 공간의 규모와 특성은 분명 집(가정)의 그것과는 큰 차이가 있다. 이 차이는 돌봄받는 자와 돌봄자가 각자 맥락화하는 돌봄의 상황과 의미, 상호의존성에 대한 인식에서 차이를 야

23   Duffy, Mignon, *Making Care Count: A Century of Gender, Race, and Paid Care Work*, New Brunswick: Rutgers University Press, 2011; 트론토 재인용(조안 트론토, 앞의 책, 40)

24   조안 트론토, 앞의 책, 40.

기하게 된다. 그래서 계약된 돌봄(공간의 기능) 이외에 돌발적인 상황에 대한 감정적 공감과 그에 따른 돌봄의 필요는 무시될 확률이 높다. 예를 들어, 초등학교의 돌봄 교실에서 이루어지는 돌봄의 경우 아동과 학부모가 원하는 돌봄과 학교 관리자와 돌봄 교사가 인식하는 돌봄의 범주와 방식이 다를 수 있다. 간식 제공이라는 같은 돌봄 활동이라 할지라도 학교라는 기관, 교실이라는 공간에 부여된 기능의 특성상 가정에서 이루어지는 돌봄과는 상이한 방식이 될 수 있기 때문이다. 따라서 기관과 공간에 부여된 기능으로 인한 제약 자체를 일종의 취약성으로 다룰 필요가 있다. 즉, 해당 돌봄 대상과 공간의 취약성을 보완하고 해결할 수 있도록 적절한 공간의 구조, 규모, 성격을 어떻게 바꾸어나갈지에 관한 고민이 요구된다.

그렇다면 기후재난 상황에 가장 효과적이고 또 유의미할 공간적 단위나 주체는 어떤 것일까? 에릭 클라이넨버그는 도시와 공동체, 기후변화에 관한 사회학을 수년간 연구하면서 재난이 닥쳤을 때 누가 살고 누가 죽는지 결정하는 핵심적인 역할을 하는 것은 시민사회라고 확신하게 됐다. 하지만 그는 시민사회가 단독으로 그 일을 할 수 있다고는 생각하지 않는다. 정부는 막대한 자원과 능력으로 대규모 계획을 통합하여 다른 어떤 집단보다 기후위기에 잘 대처할 수 있다고 보았다.[25] 그의 말처럼 기후재난 상황에서는 시민사회와 정부가 협력하며 돌봄을 실천하는 것이 중요하며, 이때 돌봄의 대상과 공간은 재난을 입은 지역 그 자체가 될 것이다. 결국 기후재난 상황에서 요청되는 돌봄을 효과적으로 수행하려면 시민 참여형 지역 거버넌스가 구축되어 있어야 한다. 같은 맥락에서 지역은 기후재난 상황에서 시민들의 자발적 돌봄 공동체가 형성되거나 돌봄이 실천되기에 가장 적절한 공간일 것이다. 하지만 이때 '지역'이라는 것의 범위는 그 공간의 물리적 규모보다는 그것이 머금고 있는 사회적 · 생태적 관계에 기초해 이해하고 정할 필요가 있다.

이제 돌봄이 실천되는 공간으로서 국가와 지구를 생각해볼 차례이다. 더 케어 컬렉티브를 비롯한 많은 돌봄 연구자들은 국가나 지구적 돌봄의 부재와 실패를 비판한다.[26] 이때 이들이 말하는 국가와 글로벌 사회는 물리적 공간을 의미하는 것이 아니다. 그 공간이 난잡한(확장된) 돌봄에 필요한 제도와 구조, 가치와 감정 같은 것들을 제대로 담아내지 못했기 때문에 돌봄이 실패했다는 것이다. 다시 말해 돌봄의 실패 이유는 신자유주의 경제체제의 득세와 파편화된 개인의 이익

25   에릭 클라이넨버그, 앞의 책, 29.

26   더 케어 컬렉티브, 앞의 책, 10.

에 대한 무한 추구와 같이 돌봄 자체를 취약하게 만드는 잘못된 제도적·문화적 요인에 있다는 것이다.

　　하지만 공간의 물리적 규모 자체로 인해 지구 차원의 돌봄이 실패하기 쉬운 면모도 함께 생각해볼 필요가 있다. 기후변화 문제를 차치하고서라도, 국경을 넘는 기존의 환경 문제들처럼 확장된 돌봄이 필요한 사안임에도 지구라는 공간을 돌봄이라는 렌즈로 바라보지 않기 때문에 해결이 요원한 문제들이 너무 많다. 반면, 기후위기 시대는 지구와 우주까지 폭을 넓혀 사고하고 지구 반대편의, 한번도 닿아본 적 없는 동네의 재난에 감정적으로 연대하는 실천이 요청되는 시대이다. 그러나 감정의 유대를 기반으로 돌봄이 구체적으로 실천되기에 지구적 스케일의 공간은 공감과 돌봄 연대 실천 자체를 어렵게 한다.

4. 돌봄 방식의 확장
　─취약성, 상호의존성에 대한 인지와 포용

　　각 대상에 맞추어 특정 공간에서 돌봄이 이루어지는 여러 방식에 대해서도 생각해보자. 즉, 돌봄 대상과 공간의 확장에 따라 관계자 간, 대상-공간 간 관계 맺음의 방식이 어떻게 달라지는지 살펴보자.

인간이 취약한 존재인 한, 우리는 돌봄 없이는 어떤 것도 얻을 수 없다. 돌봄의 관계망에 얽혀 있는 채로 우리 모두는 돌봄자이자 돌봄받는 자로서 서로 의존하고 있고, 이 점을 인정할 때 돌봄은 우리 일상의 실천으로 자리 잡게 된다. 여기에서 중요한 것은 '상호의존은 감정적인 것을 포함하고, 그것은 유대감을 통한 연대 의식을 견고하게 할 수 있다'는 점이다. 그렇기 때문에 의미 있는 돌봄 실천을 위해서는 취약성과 상호의존성 자체를 인지하는 것이 선행되어야 한다.

취약성과 상호의존성의 인지와 관련해 가정에서의 가족 돌봄의 관계를 생각해보자. 자녀양육을 비롯한 가족 간의 돌봄에서는 각자의 취약성과 상호의존성을 인지하는 것이 그다지 어렵지 않고 견고한 연대 속에서 돌봄이 이루어진다. 하지만 돌봄 관계자 간의 거리와 공간적 범위가 멀어지고 넓어질수록 돌봄받는 자의 취약성과 상호의존성을 인지하고 돌봄 관계를 규정짓는 일이 어려워진다. 특히 호혜성에 기반한 상호의존의 관계로 받아들여지지 않을 가능성이 크다.[27] 이 불완전성 역시 취약함으로 인정한다면, 상호의존에 대한 인

---

27 호혜성은 둘 사이가 아니라 셋 이상의 관계 속에서 상상되어야 한다. 세 사람 이상이 손잡고 일종의 순환 회로를 만드는 상태의 상호성, 나와 직접 관계가 없는 것 같은 존재에게도 관계의 혜택이 닿는 것이 호혜성이다(김영옥·류은숙, 앞의 책, 74).

지를 어렵게 하는 사회제도를 보완해서 돌봄 관계 바깥에 있는 존재와의 연대감을 강화하도록 지원하는 것이 요청된다.

더 케어 컬렉티브의 선언문은 '상호의존성에 대한 인지 결여'에서 기인한 '돌봄의 결여(불완전하고 불평등한 사회제도)'를 바로잡기 위해 돌봄을 모든 사회 구성원의 삶의 중심에 놓는 사회정치적 처방을 제시한다. 또한 많은 이가 다양한 공간에서 정치 활동을 함으로써 확장된 돌봄을 실천할 수 있다고 주장한다. 돌봄의 주체와 대상이 개인에서 사회로 확장된 '보편적 돌봄'은 사회적 역량이자, 복지와 번영하는 삶에 필요한 모든 것을 돌보는 사회적 활동으로 정의된다. 또한 돌봄이 삶의 모든 수준에서 우선시되고 중심에 놓이는 사회적 이상은 '돌보는 친족'이라는 공동체 의식이 형성된 마을, 도시, 지자체, 국가 등의 다양한 공간에서 정치 활동으로 구현될 수 있다.[28]

한편 트론토는 돌봄을 위한 정치적 논의의 장으로서 돌봄 민주주의를 말하고 있다. 그는 인간 돌봄의 틀 안에서 시장화된 오늘날의 돌봄이 문제적이라고 지적한다. 공/사 분리를 전제하는 현 제도하에서는 정치적 배제로 인한 불평등이 존재하고, 그로 인해 온전한 방식의 돌봄이 작동하지 못하

28　더 케어 컬렉티브, 앞의 책, 17-20.

고 있다는 것이다. 트론토는 이러한 현 민주주의의 취약성을 보완하기 위해 포용적 민주주의가 필요하다고 주장한다. "남성과 여성, 부유한 사람과 가난한 사람, 독립적인 사람부터 의존적인 사람까지 모든 사람은 민주주의 테이블을 마주하고 앉아서 돌봄 책임을 정치적 의제로 협상해야 한다"는 것이다.[29] 여기에서 트론토가 이야기하는 민주주의는 돌봄을 위한 정치적 논의의 장으로서의 민주주의, 즉 '조건으로서의 민주주의'이다. 돌봄을 공적 가치로 본다는 것은 국가가 돌봄 서비스의 제공자가 되어야 한다는 것이 아니라 민주적 다수에게 돌봄을 넘겨줘야 한다는 의미이다. '함께 돌봄'(caring with)은 정치로 풀어야만 하는 정치적 관심사인 것이다. 이처럼 트론토는 평등한 돌봄을 통해 돌봄이 정의로워져야 한다고 주장한다.

하지만 헬드Held는 여기에서 한층 더 나아가 돌봄이 개인과 사회(공동체와 정부, 국가)의 윤리 실천이 되어야 한다고 말한다.[30] 왜냐하면 개인적 삶과 정치적 삶 모두에서 "정의를 넘어선" 많은 도덕적 가치가 존재하기 때문이고, 돌봄 활동에서 가장 중요한 것 그리고 돌봄을 포용적인 돌봄으로 만

---

29 조안 트론토, 앞의 책, 12.

30 버지니아 헬드, 김희강 · 나상원 역, 《돌봄: 돌봄 윤리》, 박영사, 2017, 200.

드는 것은 도타운 돌봄 관계와 연대감이기 때문이다. 같은 맥락에서 김영옥과 류은숙도 돌봄(실천) 역량이 자신의 이름을 지키는 일과 시민적 덕성을 증명하는 사회적 지표가 되는 사회가 돌봄 민주주의 사회이며, "상호적이고 호혜적인 의존이 윤리적 원칙이자 규범이 되는 사회"라 말한다. 헬드에 의하면 정의는 평등과 자유를 보호하는 한편, 돌봄은 사회적 유대와 협력을 권장한다.[31] 그렇다면 돌봄은 정의를 넘어서 윤리와 규범을 실천하는 행위로 이해될 필요가 있다.

　　전통적 돌봄이든 확장된 보편적 돌봄이든, 돌봄은 관계성, 맥락민감성, 반응성 등을 그 속성으로 하며, 덕목과 실천의 통합을 요구한다.[32] 즉, 돌봄은 가치/덕목이자 실천이다.[33] 돌봄을 정의보다는 가치/덕목으로 접근해야 하는 첫 번째 이유는 돌봄이 정의 영역에서 다루어지지 않는 감정적인 상호관계를 중요시하기 때문이다. 둘째, 돌봄은 가치/덕목이되 기존의 정의론에서 윤리적 고려 대상으로 생각되지 않았던 이들을 윤리의 대상으로 포함하고 있다는 점에서 포용적이다.

　　이렇게 돌봄 방식은 기존 방식의 한계와 문제점을

31　같은 책, 39-40.

32　이선미, 「돌봄의 특성과 돌봄 공공성의 요건」, 사회와 이론, 2016, 29: 223-260.

33　버지니아 헬드, 앞의 책, 84.

개선하고 보완하는 과정에서 발전해왔다. '일상을 돌보는 실천'으로부터 사회제도와 정치로서의 실천, 불평등한 관계 맺음을 수정하는 정의로서의 실천, 그리고 그 실천에 녹아 있는 관계성, 맥락민감성, 감정을 중시하는 윤리와 덕목의 영역까지 확장되어왔다.

5. 회복력 시대의 돌봄, 기후 돌봄

　　돌봄 이론의 발전기인 1990년, 엘레너Eleanor는 간호학의 관점에서 지구온난화와 같은 환경적 비상사태를 수용하는 돌봄 모델이 제공될 수 있는지 고민한 바 있다. 그리고 그러한 모델의 구성을 어렵게 하는 이유로 당시의 경제 개발 단계와 기존 간호학의 돌봄 이론에서의 논리적 비약, 인간 돌봄에 대한 지식의 강조에 따른, 실제적 돌봄 경험에 관한 성찰의 빈곤, 더불어 만연한 인간중심적 사고의 틀 속에서 인간 돌봄 개념을 비인간 돌봄으로 교체하거나 확장하는 것이 쉽지 않은 사회적 분위기라고 추측했다.[34] 이처럼 일찍이 간호

34　Eleanor A. Schuster, Earth Caring, *Advances in Nursing Science*, 1990, 13(1):25-30.

학 분야에서도 전일적 접근holistic approach을 통해 자연과 지구에 대한 돌봄을 성찰했지만, 인간중심주의를 넘어선 돌봄 실천은 30년이 넘도록 현실 밖의 이야기에 머물렀다.

기후변화와 그 영향 아래 놓인 지금의 위기 상황을 확장된 돌봄의 관점에서 '다시 보기' 해보자. 기후위기 앞에서 돌보는 자와 돌봄받는 자를 나누는 종래의 구분은 무색하다. 홍수나 태풍 같은 극단적 재난이 특정 지역에 발생할 경우 지구의 물질과 생물은 취약성의 정도에서 차이가 다소 있을지언정 피해의 정도에서는 별다른 차이가 없기 쉽다. 이런 상황에서는 생명애 의식에 기반하여 인간, 비인간 존재 모두를 공동체 구성원에 포함시킨 지구적 차원의 공동체 돌봄이 요구된다. 따라서 돌봄 대상을 차별하지 않는, 즉 그가 가진 취약성이 무엇인지 판단하는 것 이외에 돌봄 대상의 우선순위를 정하지 않는 돌봄이 요구된다. 이렇게 돌봄 대상이 지구상의 모든 존재로 확장되어야 하기에 기후재난 상황의 돌봄에 공간적 차별 또한 사실상 무의미하다. 누군가의 취약성이 생태계의 연결성과 순환 경로를 따라 모두의 취약함이 될 수 있기 때문이다.

그러나 이것이 곧 각 상황의 구체적 맥락이 중요하지 않다는 것은 아니다. 기후재난 상황을 고려한 확장된 돌봄으로서 돌봄 윤리는 구체적이고 부분 중심적인 관계와 맥락의 중요성을 강조한다. 극단의 재난 상황에서는 자기 맥락화에 기반한 실천이 요청되기 때문이다. 재난 상황에서 우리의 결정을 이끄는 것은 과학적 사실과 전문성이 아니라, 우리의 세계관(감정, 가치, 특정 주제에 대한 관심 등) 같은 것들이다.[35] 즉 서로 돌봄 관계에 있는 대상들 간에는 공감, 동감, 민감성, 응답성 같은 감정이 자연스럽게 연결될 수 있다.[36] 따라서 앞으로 더욱 요동칠 것으로 예상되는 기후변동 상황에서 요청되는 돌봄 또는 '기후 돌봄'은 대상에서 무차별적이고, 감정의 연대를 기반으로 하며, 공간과 방식에서 무한히 포용적인 '모두를 위한, 모두의 실천'이어야 한다.

---

35   Rob Verchick, ibid., 64.

36   돌봄윤리의 관점에서는 공감, 동감, 민감성, 응답성과 같은 감정을 이성에 명령을 내리는 수단으로서 유용할 뿐만 아니라 도덕적 권고사항을 좀 더 분명히 하기 위해 함양해야 할 필요가 있는 도덕적 감정으로 간주한다. 이는 돌봄과 돌봄관계에 대해 도덕적 검증과 평가를 할 때 의사소통과 대화, 그리고 맥락적이고 서사적 이해에 대한 가치와 구체성을 판단하는 근거가 될 수 있다. (버지니아 헬드, 앞의 책, 30-31; 295.)

롭 버칙의 책 《주차장의 문어The Octopus In The Parking Garage》 첫 장에는 미국 플로리다주 마이애미 해변의 고급 주거지 주차장에서 발견된 '살아 있는 문어'가 기후변화 영향이 어디에나 있다는 것을 상기시켜주고 기후 회복력의 필요성을 역설하는 상징적인 얼굴로 등장한다.[37] 기후변화로 인한 해수면 상승의 영향으로 플로리다 남동부의 전통적인 조수 홍수 발생 빈도가 급격히 증가하고 있고, 그 영향은 인간과 바다 생물의 서식지를 교란하고 있다. 하지만 누가 누구의 서식처를 침범한 것일까? 서로의 서식처에 크고 작은 재난을 입은 두 주체는 이 재난 상황에 어떻게 대응하고 있을까?

민관 할 것 없이 지역의 대처는 활발한 움직임을 보이지만 상황은 단순하지 않다. 마이애미비치시는 방파제의 높이를 몇 피트 높이고 하수구 시스템을 개조하고 있다. 정전에 대비해 여러 비상 발전기와 함께 첨단 펌프 시스템을 설치할 계획도 있다고 한다. 플로리다 남동부는 소금물 침수로부터 시 상수도를 보호하기 위해 일련의 대규모 엔지니어링 프로젝트가 필요하기도 하다. 하지만 이미 많은 사람이 이 지역의 대응이 효율이 떨어지며 장기적으로 희망이 없다고 생

---

37 Rob Verchick, ibid., 3-4.

각하기 때문에 이 지역의 집값은 하락하고 있다. 잦은 침수로 불편함을 겪은 여유 있는 사람들은 쉽게 이사를 결정할 수 있다. 문제는 남는 사람들이다. 다른 재난 상황과 마찬가지로, 플로리다에서 기후재난의 직격탄을 맞게 될 이들은 경제적 여유도 없고 정치력도 덜한 사람들일 것이다. 이들은 지리적으로 더 취약한 지역에서 살고 있다. 게다가 지자체 예산의 한계로 인해 바닷물을 막을 대규모 구조물을 지을 수 없는 상황이어서 결국 더 잦은 침수와 식수 공급의 어려움을 감수해야만 할지도 모른다. 하지만 기후재난으로부터 손쉽게 떠난 이들이 위험으로부터 안전한 곳을 찾기도 쉽지 않을 것이다. 이미 미국의 많은 도시들은 기후변화의 영향에서 자유롭지 못하기 때문이다.

지난 30년간 기후변화에 대처하기 위한 대부분의 전략은 회복력이 아니라 온실기체 배출량 감축에 방점이 찍힌 것이었다. 정책이나 자금 투자 측면에서 국내외 사업 전반에 걸쳐 회복력에 대한 투자는 상대적으로 적었다. 그 이유는 첫째, 온실기체 배출이라는 원인을 먼저 해결하는 것이 중요해 보였기 때문이다. 남은 위험에 대비하는 것은 나중의 일로 치부되었다. 둘째, 기후 회복력에 비해 화석연료에서 재생에너지로의 전환으로 대표되는 온실기체 감축이 더 간단한 대화를 가능하게 했기 때문이다. 반면, 기후 회복력을 언급하는 순간 인프라, 지역시설물과 생태계의 조정, 야생동물 관리,

재난 대응 체계, 공중 보건 등 많은 것이 한꺼번에 연루된다. 이렇게 여러 분야와 시스템을 통합적으로 다루는 것은 불가능한 도전으로 간주되었다. 마지막으로, 가장 큰 이유는 수년 전까지 많은 환경운동가들이 기후 회복력/적응력 강화를 화석연료 산업에 대해 백기를 든 것으로 여겼기 때문이다. 그들은 배수관 확장 공사 같은 것을 이야기하는 것 자체가 패배를 인정하는 것이라고, 아울러 완화를 위한 어떤 노력 없이도 사회가 위험을 감당할 수 있다고 말하는 것은 더 나쁘다고 생각했다.[38]

하지만 기후 회복력 문제는 오늘날 모든 곳에서 완화 중심 대응의 한계를 보완하는 바람직한 대안으로 떠오르고 있다. 롭 버칙은 우리가 회복력을 얻기 위해 노력해야 할 충분한 이유가 있고, 그중에서도 가장 중요한 것은 회복력을 위해 싸우는 것은 도덕적으로 해야 할 일이라고 주장한다. 회복력은 기술 혁신에 관한 것이기도 하지만, 사고방식과 문화에 관한 것이기도 하다는 것이다. 기후 회복력을 강조하면 그간 기후변화 문제에 큰 관심을 보이지 않았던 이들을 포함해 더 넓은 범위의 사회집단에 호소함으로써 새로운 변화를 일

---

38 Rob Verchick, ibid., 10.

으킬 수 있다는 점도 중요하다.[39] 나아가 회복력을 강조하는 기후변화 대응 정책은 보다 지역적이고 즉각적이며 구체적인 경향이 있다. 사람들의 안전과 보안에 대한 단기적인 관심을 호소함으로써 회복력 작업은 탄소 배출 억제에 대한 공론화의 길을 여는 데도 도움이 된다.[40]

회복력과 돌봄으로―내러티브 전환이 열쇠

이러한 주장은 전 세계 기후변화 대응 기류의 변화 조짐을 잘 포착한 것으로 보인다. 기후변화 대응 담론의 흐름은 기후변화를 부정하는 회의론이 퇴조하는 대신 녹색성장 같은 방어적 기회론이 중심을 장악했으나, 효율성과 경제성장 내러티브라는 한계를 드러내고 있다.[41] 이런 상황에서 이전까지 크게 주목받지 못했던 기후 회복력 논의가 사회생태 통합적인 관점에서 기존의 완화 중심의 기후변화 대응의 한계를 보완할 수 있는 새로운 흐름으로 제시되고 있다.

기후 회복력과 적응을 강조하는 기후변화 대응은 모든 존재를 위한 무차별적 돌봄을 요청하며 오직 그런 방식의

39   Rob Verchick, ibid., 14.

40   Rob Verchick, ibid., 65.

41   서영표, 「기후변화 인식을 둘러싼 담론 투쟁」, 경제와사회, 2016, 112: 137-173.

돌봄으로써만 실현 가능할 것이다. 이제껏 효율성 내러티브가 효과적인 기후변화 대응을 가로막았다면, 그 내러티브를 대체할 새로운 내러티브의 키워드로 회복력과 확장된 개념의 돌봄이 요청된다. 기후위기와 기후재난 상황에서 요구되는, 기후 회복력 강화를 위한 확장된 의미의 돌봄을 간단하게 '기후 돌봄'이라고 부른다면, 기후·생태위기 대응을 위한 우리의 일상과 사회정치적 활동의 모든 마당에서 기후 돌봄을 중심에 두려는 노력이 필요하다. 그동안 경제성장주의 패러다임의 잘못된 경로 때문에 가로막혀왔던 새로운 돌봄, 즉 회복력을 키우는 기후 돌봄의 다양하고도 현실적인 실현을 상상하고 기대해본다.

③

지역공동체에서
―
시작하는
기후 돌봄

한신대 생태문명원

한윤정

1. 돌봄을 삶과 사회의 중심에 둔다는 것

　　폭염과 폭우가 휩쓸고 지나간 자리는 온순한 기후에서는 가려져 있던 자연과 삶의 민낯을 우리 앞에 드러낸다. 폭염으로 인한 온열 사망자는 대개 마트에서 하루 수만 보를 걸으며 카트를 나르던 청년이거나 에어컨 없는 좁은 방에서 외로움과 질병, 더위를 견뎌야 했던 노인이다. 폭염이라는 조용한 살인자는 가장 취약한 계층을 덮친다. 폭우는 또한 가장 취약한 시설물이 무엇인지 알려준다. 산줄기를 뚫고 물의 흐름을 바꾸면서 재해에 취약하게 건축된 집과 시설물은 폭우를 견디기 어렵다. 빠르고 안전하던 자동차와 지하차도가 치명적인 무기로 변하고, 철근과 콘크리트로 지은 현대식 구조물은 복구는 고사하고 폐기조차 불가능한 폐허 더미로 변모하기 쉽다. 산사태가 나고 지반이 붕괴하면서 철로와 도로가 아슬아슬하게 허공에 매달린 모습은 현대문명과 첨단기술의 토대가 자연임을 여실히 증명한다.

　　지금은 '지구와 충돌하지 않고 착륙'[1]해야 하는 시간이다. 기후위기로 인한 재난과 일련의 글로벌 복합위기가 삶

1　브뤼노 라투르, 박범순 옮김, 《지구와 충돌하지 않고 착륙하는 방법》, 이음, 2021.

의 근간을 해체하고 있기 때문이다. 현대문명은 석탄과 석유, 천연가스를 퍼올린 추출의 깊이만큼이나 높고 거대한 인공물을 지표면에 무제한으로 건설해왔다. 지하에 묻혀 있던 화석연료들이 지상으로 나오면서 이산화탄소를 방출하고 자연 상태에서의 기온상승보다 10배 빠른 온도변화를 만들어냈다면, 과도한 개발과 건설은 생물종 멸종, 인수공통 감염병 그리고 재난에 취약한 물리적 구조를 만들어냈다. 우리는 이미 비인간 존재, 자연생태계와 더불어 붕괴하고 회복하고 재구조화하는 과정을 반복해야 하는 시대로 접어들었다.

자연으로 '착륙'해야 한다는 것은 무제한 채굴의 자유가 보장되거나 인간의 편의와 경제적 효율에 따른 자의적 공간 구성이 가능하다고 상상해온 지구에 물리적 한계선이 있음을 인정하면서 새로운 삶을 모색하고 건설해야 한다는 뜻이다. 기후위기는 우리(한국을 포함한 북반구의 고소득 국가)가 물질적으로 이렇게 풍요해지기까지 얼마나 많은 것이 희생되고 무시되고 은폐돼왔는지를 보여준다. 유한한 지구에서 무한한 경제성장이 가능해 보였지만, 실은 그런 성장의 혜택은 언제나 일부 지역과 인종, 젠더, 계급에게만 돌아갔다. 자연 착취를 기본으로 해서 식민지배와 성차별이라는 위계적 역학이 작동하는 가운데 현재의 글로벌 경제 체제가 신기루처럼 형성되어왔다. 오랜 시간 축적된 자연은 '자원'이란 이름으로 채굴 수단을 소유한 이들에 의해 추출되고 생산, 소비,

폐기 과정에서 변형된 물질은 그대로 자연에 버려진다. 자연을 전유하는 과정에서 시장 논리에 따라 '자원'과 '폐기물'에 자의적인 가격이 매겨진다. 화폐라는 잣대는 그야말로 자의적이어서 생산, 노동, 임금 등 공식적인 경제에는 적용되지만 이를 뒷받침하는 돌봄과 재생산에는 적용되지 않는다.

마리아 미즈의 통찰과 자급경제 그리고 돌봄

마리아 미즈Maria Mies는 '자본주의적 가부장제 경제의 빙산 모델²에서 끝없는 경제성장을 목표로 하는 자본주의 경제가 자연과 여성, 식민지에 대한 착취 없이는 유지 불가능한 시스템이라는 점을 지적했다. 미즈의 빙산 모델은 '가시적 경제'와 '비가시적 경제'로 구성되어 있는데, 가시적 경제는 비가시적 경제에 절대적으로 의존한다. 오늘날 우리가 '경제'라고 부르는 것은 가시적 경제로서 자본과 임노동으로 구성돼 있다. GNP라는 수치로 측정 가능한 생산과 소비의 영역이기도 하다. 그러나 이러한 '경제'는 비가시적 경제에 의해 지탱되며, 거기에는 ①가내노동·파트타임노동·비공식부문·아동노동·성매매 등 화폐 경제를 보완하는 다양한 착취적 노동을 비롯해 ②농부와 장인의 자급 노동, ③가사노동, ④식민

2   마리아 미즈, 최재인 옮김, 《가부장제와 자본주의: 여성, 자연, 식민지와 세계적 규모의 자본 축적》, 갈무리, 2014.

지에서의 노동, ⑤자연이라는 다섯 개 층이 차례로 자리 잡고 있다. 비가시적 경제는 가시적 경제보다 훨씬 광범위하고 자율적이다.

이 가운데 가사노동은 페미니즘 진영이 주로 말하는 돌봄, 즉 재생산의 영역이다. 자본주의는 공적 부문과 사적 부문, 임노동과 가사노동을 분리하고 사랑, 가족, 혈연이라는 이름으로 돌봄과 재생산 노동을 화폐화하지 않는 부불unpaid 노동으로 여성들에게 떠넘기고, 이로써 임노동을 싸게 유지하며 높은 생산성을 확보해왔다. 페미니즘 진영은 돌봄 노동의 가치를 주장해왔으나 이것이 여성과 가족의 영역을 벗어나서 복지상품으로 시장에 흡수된 이후에도, 돌봄 노동은 여전히 '외국인'이나 '여성'의 값싼 노동력에 의존하는 상태를 벗어나지 못한다. 특히 코로나19 팬데믹 시기 사회적 돌봄이 정지된 사이에 아이들과 가족을 돌보기 위해 일을 그만둔 여성들이 크게 늘어났던 현상에서 알 수 있듯, 돌봄 노동은 자칫하면 다시 여성과 가정의 영역으로 되돌려진다.

그런데 빙산 모델의 더 근본에는 자연에 대한 착취가 숨어 있다. 자연을 무상의 생산요소로 여기거나 부당하게 저렴한 가격을 매기는 것이 오늘의 생태계 파괴와 기후위기의 원인이 되었다. 허먼 데일리Herman Daly에 따르면, 지구 생태계에 비해 상대적으로 인간의 경제 규모가 작았던 '비어 있는 세상'을 지나서 이제는 과도하게 커진 경제에 필요한 물질-

에너지 처리량의 규모가 지구 생태계의 재생 역량을 초과해버린 '꽉 찬 세상'으로 바뀌었고, 그에 따라 생산요소로서 자연의 가격은 기하급수적으로 올라가고 있다.[3] 여기에는 자원의 '원가'와 폐기물 처리비용의 인상분만이 아니라 생태계 파괴와 기후위기로 인해 갈수록 늘어나는 복구비용도 포함된다.

이런 상황에서 돌봄을 재고한다는 것은 '가부장 자본주의 (추출)경제'의 빙산 아래 숨어 있던 비가시적 영역을 드러냄으로써 화폐교환과 이윤에 근거한 경제체제의 작동 원리를 성찰하자는 뜻이며, 돌봄 노동과 자연 착취 등 보이지 않는 희생을 기반으로 한 경제성장의 무한가속에서 벗어나자는 시도이다. 이는 돌봄을 가시적 경제의 영역으로 끌어내어 화폐화하는 것, 즉 돌봄 노동에 수당을 지급하거나 돌봄을 상품으로 만드는 것을 넘어선다. 돌봄을 사회구성의 원리로 삼아 경제에 대한 관념과 경제구조를 바꿔나가는 일이며, 생산과 효율이 아니라 재생산과 지속가능성을 삶과 사회의 중심에 놓는 일이다.

이와 관련해 미즈가 대안으로 제시하는 자급경제는 화폐 경제를 보완하는 출발점이 될 수 있다. 자급경제란 "직

---

3 김병권, 《기후를 위한 경제학》, 착한책가게, 2023, 140-142에서 재인용.

접적으로 삶을 창조, 재창조, 유지하는 데 쓰이며 다른 목적을 갖지 않는 모든 일", 즉 돌봄을 중심에 두는 자급생산으로 나아감으로써 상품의 생산과 소비에 초점을 맞춘 가시적 경제와 거리를 두는 것이다. 이는 생산과 노동을 위한 돌봄이 아니라 돌봄 자체가 목적이 되는 새로운 삶과 경제를 가리킨다. 화폐 경제의 가치사슬을 끊고 자급경제를 구축함으로써 식민주의적이고 가부장적인 자본주의 경제로부터 탈출하는 가능성을 만들어낼 수 있다.

커먼즈(공유지, 공유재, 공통물, 공통장)에 기반을 둔 자급경제는 화폐 경제를 보완하는 다양한 착취적 노동이나 돌봄 노동을 주로 해온 여성의 권리를 되찾아주며 세계를 전혀 다른 시각으로 보도록 만든다. 자연을 직접적인 생산수단으로 삼아 공동체 속에서 살아가는 방글라데시 농촌 여성들의 시선에서 보면, 자식이 하나뿐이고 영부인이라는 지위 외에 수입이 없으며 땅이나 가축 같은 생산수단도 없는 힐러리 클린턴은 오히려 동정의 대상이 되므로 '힐러리에게 암소를' 주자는 발상이 가능해진다.[4] 자급이라는 관점은 자연, 농촌, 식민지, 여성이 인간, 도시, 제국, 남성보다 훨씬 독립적인 삶을 살게 한다는 점에서 화폐 경제의 주류 가치를 전복한다.

4   마리아 미즈 · 베로니카 벤홀트 톰젠, 꿈지모 옮김, 《자급의 삶은 가능한가 힐러리에게 암소를》, 동연, 2014.

자급경제가 글로벌 자본주의를 떠받쳐온 실질적인 힘이라는 사실은 다양한 연구로 실증되었다.[5] 그러나 자급의 기반이 되는 토지(농촌)을 떠나 도시에 거주하는 세계 인구의 비율이 절반을 넘은 상황에서 자급경제가 전면적인 대안이 되기는 어렵다. 협동조합·사회적 기업 등 사회적 경제, 여전히 주류로 남아 있는 화폐 경제와 더불어 공존하며 상호 보완하는 관계를 유지할 수밖에 없다. 자급경제라는 선명한 대안보다 더욱 중요한 것은 비가시적 경제를 가시화하는 것이며, 돌봄 노동과 자연의 가치를 재평가하는 일이다. 그 핵심은 현재의 삶과 경제, 사회, 생태계 전반에 걸친 문제를 다루기 위해 돌봄이라는 관점을 도입하는 것이다.

돌봄을 삶과 사회의 중심에 두기

돌봄을 삶과 사회의 중심에 둔다는 것은 상호연결성과 상호의존성을 존중한다는 뜻이고, 자립하는 건강한 신

---

5   마리아 미즈와 벤홀트 톰젠은 위의 책에서 멕시코의 농민 경제, 인도의 소농 여성과 베네수엘라에 대한 연구를 수행해서 여성의 자급노동이 이 나라들이 자본주의 세계시장에 통합되기 위한 필수적인 기반이었다는 연구 가설을 확인했다. 자급노동이 기반이 된 중국 내륙의 농촌경제가 해안 도시 위주로 발전해온 자본주의 경제의 경기변동에 대응하는 안정적인 수단이 될 수 있다는 주장은 원톄쥔의 책《백년의 급진》(김진공 옮김, 돌베개, 2013)의 핵심 주장이기도 하다.

체가 아니라 취약한 신체를 보편적 권리의 근거로 둔다는 뜻
이다. 약자와 소수자의 권리를 우선 고려한다는 뜻이기도 하
다. 돌봄의 대상은 계속 확대돼왔으며 이는 곧 돌봄을 사회운
영의 중요한 원리의 하나로 수용해온 역사적 과정이었다. 분
배에 초점을 둔 복지사회가 가시적 경제부문 임금노동자들의
정당한 몫을 찾아주는 돌봄의 확장이었다면, 지금은 비공식
부문의 노동자들, 재생산 돌봄 노동 종사자들, 나아가 비인간
존재에 대한 돌봄이 필요하다. 생산을 위한 돌봄이 아니라 돌
봄 자체가 목적이 되는 돌봄, 인간 돌봄을 넘어선 비인간 돌
봄, 재난 상황에 노출된 모든 존재의 취약성을 고려한 돌봄이
어야 한다.

　　　상호 돌봄의 대상인 '우리'를 확장한다는 점에서 이
는 '난잡한 돌봄'이라는 말로 표현할 수 있다. 난잡한 돌봄이
란 "인간, 비인간을 막론하고 모든 생명체 간에 이루어지는
모든 형태의 돌봄"이다. 단순히 돌봄의 대상을 확장하는 것일
뿐만 아니라 돌봄의 방식 또한 변화한다. 즉 돌봄받을 권리가
있는 이에게 그에 맞는 돌봄을 제공하는 것을 넘어서 돌봄이
필요한 존재를 무조건 돕는 일에 가깝다.[6] 이를 위해서는 전

6　더 케어 컬렉티브, 정소영 옮김, 《돌봄 선언》, 니케북스, 2021, 80-82.
'난잡한promiscuous'이라는 단어의 사용에 주목해보자. 더 케어 컬렉티
브는 더글러스 크림프의 에세이 '전염병 중에 난잡할 수 있는 방법'에서

통적인 돌봄공동체인 가족과 인간사회를 넘어서 다양한 존재와 '친족 관계'를 맺는 일이 필요하다. 그런 관계망 속의 존재들이 실제로 어떤 결핍과 고통을 느끼고 어떤 돌봄을 요청하는지 인지하는 '촉수'도 중요하다. 돌봄의 관계망이 여러 비인간 존재, 자연까지 확장되며 그런 무한증식 속에서 존재 간의 좀 더 수평적인 관계가 형성될 수 있다.

2. 기후 회복력 강화와 기후 돌봄

기후재난의 횟수와 규모가 커지고 그 영향력을 예측하기 어려운 시대가 되면서 돌봄의 수요가 증가하는 것은 확실하다. 돌봄은 그간 여성을 중심으로 한 가족과 가정의 재생산 노동을 가리키거나 사회적 약자와 소수자의 권리를 확보해주는 일이었지만, 기후위기로 인해 돌봄 대상 범위의 확장이 요구되고 있다. 기후재난 때문에 인간 돌봄이 더욱 절실해

이 말을 가져왔다고 밝힌다. 크림프는 이른바 스톤월(그리니치 빌리지의 게이바 습격 사건) 이후 삽입 항문성교에서 벗어나 '실험적'인 성적 행위들이 배가했다고 한다. 크림프는 난잡함이라는 개념을 '가벼운' 진정성 없는'이라는 의미가 아니라 게이들이 서로에 대해 친밀감과 돌봄을 나누는 방법을 다양화하고 실험한다는 의미로 사용한다.

겼을 뿐만 아니라 오늘날 기후위기를 초래한 자연의 대상화, 식민화를 깊이 성찰하면서 기후재난에 직면한 모든 존재가 서로 돌보는 일이 필요한 상황이 되었다. 인간과 자연의 분리 불가능성과 상호의존성을 고려한다면, 자연물과 생태계를 돌보는 일은 인간 돌봄을 위해서도 반드시 필요하다. 지금은 전통적으로 수행된 인간 돌봄을 넘어서 기후위기에 적응하고 기후재난 상황에서 회복력을 강화하기 위해 수행되는 일련의 돌봄 활동, 약칭 '기후 돌봄'이 긴요한 상황이다.

그렇다면 기후 적응, 회복력 강화는 무슨 의미일까? 적응adaptation이란 완화mitigation와 대비되는 말이다. 기후 완화가 온실기체 배출원을 차단함으로써 지구의 평균기온 상승을 억제하는 일이라면, 기후 적응은 이미 닥쳐온 위험을 인식하고 피해를 최소화하면서 살아가는 일이다. 완화가 모종의 자신감에 근거한 과정인 데 비해 적응은 기후위기의 위협, 예측불가능성, 복잡성을 겸허히 수용하고 새로운 삶을 구축하는 과정이다.

기후 적응이 시급해진 데는 크게 두 가지 이유가 있다. 첫째, 기후위기가 이미 현실이 되었다는 과학적 근거가 나왔다. IPCC 제6차 종합보고서(2023)는 파리기후협약 가입국들이 제출한 국가기여[감축]목표(NDC)를 모두 지키는 최선의 시나리오(SSP 2-4.5)에서도 지구 평균기온 2.7도(2.1~3.5도 범위) 상승이 불가피하다는 결론을 내렸다. 최악의 경우

(SSP5-8.5) 문명 붕괴를 초래하는 3도를 넘어서 4.4도(3.3~5.7도 범위)까지 상승할 수도 있다는 것이다.[7] 이미 기온상승을 산업화 이전 대비 1.5도선 이하로 저지하는 일은 어려워졌다는 증거들이 나오고 있다. 더욱이 인류가 이미 배출한 이산화탄소는 길게는 수천 년까지 대기에 머물기 때문에 당장 배출을 멈추더라도 이미 나온 온실기체만으로도 상당 기간 기후재난이 일어날 수밖에 없다. 이는 곧 온실기체 저감만큼이나 적응과 회복력이 중요하다는 뜻이다.

둘째, 완화 정책이 한계를 드러내기 때문이다. 그동안 기후 완화를 위해 탄소배출권 거래제를 고안하고 탄소 포집 기술을 개발하는 등 다양한 노력이 이어졌음에도 이산화탄소 배출량은 계속 늘고 있다.[8] 사실 기후변화를 '완화'한다는 말에는 인간이 과학기술의 힘과 정책, 제도를 활용해 기후변화를 제어할 수 있다는 기술모더니즘과 인간중심주의가 숨어 있다. 그런 자신감은 오히려 기후변화를 완화하는 데 방

---

7   IPCC, 《기후변화 2023 종합보고서》, 국문번역본, 기상청, 2023.

8   국제기구인 글로벌탄소프로젝트(GCP)가 COP28(2023. 11. 30. ~12. 13.)에서 공개한 연례보고서에 따르면, 2023년 전 세계 이산화탄소 총배출량은 409억 톤으로 사상 최고를 기록했으며 2030년 안에 산업화 이전 대비 1.5도 상승할 것으로 예측했다. 그럼에도 산유국들의 주장에 힘입어 화석연료의 '단계적 퇴출(phase out)보다 완화된 '탈화석연료 전환(transition away)'을 채택했다.

해가 된다. 정부와 기업의 노력, 국제사회의 역할을 기대하는 사이에 재난은 늘어나고 개인과 공동체의 삶은 무너진다. 따라서 완화에만 기대기보다는 적응을 함께 모색해야 한다.

기후변화에 적응한다는 것은 기후재난 상황에서 회복력을 갖춘 사회를 만든다는 뜻이다. 회복력은 시스템 내외부 충격으로 인해 발생하는 불안정성을 극복하여 시스템 기능을 회복하는 능력을 의미한다. 제러미 리프킨Jeremy Rifkin은 회복력의 특징을 중복과 다양성으로 바라보며, 이는 목표에 이르는 최단 거리인 효율성과 대비되는 개념이라고 말한다. 생태계의 사례를 보면, 단일작물을 심는 경우 경작이 편리하고 수확량도 높지만 병충해가 닥쳤을 때는 한꺼번에 극심한 피해를 입어 회복할 수 없는 상태가 된다.[9]

회복력은 단순한 재정립, 즉 어떤 사건이 발생하기 이전의 과거 상태로 돌아가는 게 아니라 항상 패턴과 과정과 관계를 변화시키는 방식의 재정립을 함의한다. 개인이든, 사회든, 자연이든 어떤 차원에서든지 붕괴와 회복, 재구조화라는 시간적 과정을 수없이 겪으면서 주어진 상황에 맞도록 진화하는 것이다. 회복력은 또한 '취약성을 극복하는 방법'이기도 하다. '단순히 통제력을 회복하는 게 아니라 새로운 장소를

9   제러미 리프킨, 안진환 옮김, 《회복력 시대》, 민음사, 2022, 29.

구축하는 개방성'[10]이 있기 때문이다. 이는 크고 작은 실패를 경험하며 다양한 선택지를 확보함으로써 어려움을 극복하고 삶을 새롭게 지속하도록 해준다.

기후 적응, 회복력 강화의 첫 번째 조건은 지역공동체

　　기후 완화와 적응의 방식을 대비해보면, 왜 적응이 완화에 비해 개인이나 지역공동체의 역량을 키우는지 이해할 수 있다. 기후 완화는 이산화탄소 감축과 같은 의미로 쓰이며 주요 수단은 화석연료 대신 재생에너지로 전환하는 것, 전기 자동차 등 친환경 교통수단을 도입하는 것, 제로 건축이나 그 린 리모델링으로 건물의 냉난방 수요를 줄이는 것, 산림 조성 으로 이산화탄소를 흡수하는 것 등이다. 대규모 인프라와 시 설에 대한 투자가 필요하므로 개인보다는 국가나 기업이 주 체가 된다. 이에 비해 기후 적응은 폭우에 대비해 하천과 생 태계를 정비하거나 재난에 취약한 시설물을 보강하는 등 공 공정책의 영역도 포함되지만, 동시에 개인과 지역공동체의 노력과 역할이 중요하다. 자신이 사는 주택을 수리하고, 나 무를 심거나 텃밭을 가꾸고, 폭우에 대비해 위험한 곳을 살피

10　제러미 리프킨, 같은 책, 320.

고, 스스로 건강을 돌보는 일은 공공이 대신해줄 수 없다.

기후위기에 적응하기 위해 지역공동체 차원에서 할 수 있는 사업들은 생각보다 많다. 자연 환기 건물 설계, 물 관리와 절약, 녹지대/산림 조성, 옥상정원과 지붕 녹화, 빗물과 중수의 활용, 고효율 단열재 활용 등이다. 국가나 기업에만 의존하는 대신 스스로 안전을 지키고 생태계를 살리며, 나아가 기후 적응에 필요한 사업을 중심으로 대안적 경제를 만들어내는 길이 지역공동체에 열려 있다. 생산과 이윤을 위한 경제가 아니라 지역의 인적·물적 자원을 활용해 지역에서 필요한 상품과 서비스를 제공하며 생태계의 부담을 최소화하는 경세는 오늘날 필요한 자급경제의 모습이기도 하다. 기후재난 자체는 위험이지만 오히려 기회가 될 수 있다.

이 같은 일들은 결과적으로 안전한 생태계와 좋은 사회를 만드는 데 도움이 된다. 재난에 취약한 자연물, 시설물, 인프라를 손보고, 저소득층이나 장애인 등 기후 취약계층을 지원하고, 재난 손실에 대응하는 상호부조 체제를 갖추고, 삶과 지속가능성을 염두에 둔 지역순환경제를 만드는 것과 같은 행동은 그 자체로 공공선에 부합한다. 비단 기후 문제가 아니더라도 돌봄과 일자리의 기반이 되는 지역공동체를 튼튼하게 만든다는 점에서 바람직하다. 그리고 실제로 재난이 닥치는 상황에서는 지역공동체의 역량을 총동원해 재난으로 인한 피해를 최소화하고 순조로우면서 정의롭게 회복하는 과정이 필요하다. 이처럼 기후위기에 적응하고 기후재난으로부터 회복하는 역량을 강화하기 위해 인간/비인간 이분법을 넘어서 돌봄의 유기적 관계망을 확대하는 것이 기후 돌봄이다.

그런 점에서 기후 돌봄의 전제조건은 튼실한 지역공동체이며, 이를 위해서는 관계망의 구축과 지역 거버넌스가 필요하다. 지역 거버넌스란 지역사회에서 이뤄지는 정책이나 계획의 결정 과정에 이해관계자 전부가 참여하여 대등한 협력관계에서 토론하고 결정하며, 그 결과에 대해 공동으로 책임을 지는 협업 기반 활동으로서 '협치'라고도 불린다.

풀뿌리 민주주의

기후 문제와 관련, 대의 민주주의의 무능과 위선은 널리 비판의 대상이 되어왔다. 찰스 테일러Charles Taylor 등은 자유민주주의(대의민주주의)가 직면한 두 가지 주된, 그러면서 서로 뒤얽힌 문제로 중앙정부가 가진 문제해결 역량의 쇠퇴 그리고 정치 엘리트와 국민 사이의 먼 거리를 들었다.[11] 이를 기후정책에 대입해보면, 중앙정부가 이 문제에 제대로 대응하지 못하는 것은 화석연료 산업계와 개별 기업의 힘이 너무 강력하기 때문이기도 하지만, 동시에 관료와 정치인들이

---

11 찰스 테일러 외, 이정화 옮김, 《민주주의 재건: 시민공동체가 주체가 되는 민주주의》, 북스힐, 2022, 8.

현실에서 어떤 정책이 적합한지 모르거나 자신의 선거구 유권자들이 지지하지 않을지도 모르는 과감한 정책을 도입하기를 두려워하기 때문이기도 하다. 무엇이 필요한지, 국민이 무엇을 받아들일지 확신이 없기에 변화를 피한다.

테일러 등은 이 문제에 대해 두 방향의 해결책을 제시한다. 대의제의 중추적 역할을 하는 국회와 정당의 체계와 운영방식을 개혁하는 길도 있겠지만, 민주주의를 사회 저변으로부터 재건함으로써 책임 있는 정부를 복원하는 길도 가능하다는 것이다. 여기서 두 번째는 중앙이 아닌 지역이 주도하는 전환이 가능하다는 뜻이다. 물론 이 두 가지 길은 양자택일이라기보다 상호보완적이겠지만, 기후위기 대응에서 적응과 회복력 강화의 중요성이 커지는 현실을 감안할 때 풀뿌리 민주주의의 재건이 정당 개혁보다 더 신속하고 효과적인 방향일 가능성이 크다. 즉, 풀뿌리 민주주의를 강화하고 활성화함으로써 시민들 스스로 지역공동체의 위험이 무엇인지, 자신들이 진정으로 원하는 미래가 무엇인지 그려보고 실천할 수 있다. 나아가 지역공동체의 이름으로 관료, 정치인들에게 압력을 가해 더 과감하고 단호한 기후위기 대응 정책을 추진하도록 만들 수 있다. 적응과 회복력 중심으로 풀뿌리 민주주의를 실현함으로써 국가나 기업이 나서야 하는 완화의 과제를 촉진하는 경로인 셈이다.

3. 풀뿌리 민주주의, 지역공동체, 지역 기후 돌봄

　　기후위기가 아니더라도 진정한 민주주의를 위해서는 풀뿌리 민주주의와 지역 거버넌스가 필요하겠지만 기후위기는 더욱 단단한 지역공동체를 요청하며, 따라서 공동체를 재건하는 좋은 기회가 될 수 있다. 기후재난에 적응하려면 기존의 재난대응 시스템을 점검하는 것은 물론이고 기존의 복지 시스템이 충분히 작동할 수 있는지에 대한 검토 역시 필요한데 이는 지역에서, 지역공동체와 지방자치단체의 협의에 따라 이뤄져야 하는 일이다. 무엇보다도 붕괴의 위험에 직면해서 재난에 대비한다는 것 자체가 피해당사자 자신의 주변과 유대를 형성하는 일이 될 수밖에는 없다. 누구라도 혼자 기후재난의 어려움을 이겨낼 수는 없다.

　　먼저 기후재난과 지역공동체가 어떤 관계인지 생각해볼 필요가 있다. 흔히 기후재난은 전 지구적 문제로 받아들여지지만 실제로는 지역사회의 생태적·사회적 환경이 타격을 입는 사건이다. 농산어촌 지역이라면 기후변화가 생산과 생계에 당장 직접적인 영향을 미치고, 아무리 기후충격이 적은 도시 지역이라도 그 충격에 따라 경제 전반에 미치는 영향은 물론이고 거주지의 상태와 가치 등이 달라진다. 기후 자체가 지역공동체의 삶을 받쳐주는 공통의 요소(커먼즈)이기에 기후위기 완화 또는 적응을 위한 활동이나 그 물적 토대 역시 공동으로 접근할 필요가 있다. 예컨대 기후재난에 취약한 시설과 인프라가 국가의 소유이자 관리대상이라면, 지역주민들이 할 수 있는 일은 거의 없다. 그러나 지역 거버넌스를 구축함으로써 공동 관리의 대상이 된다면 지역공동체의 기후 돌봄 활동은 가능할 뿐만 아니라 긴요해진다.

기후 돌봄을 실천하는 주체로서 지역공동체를 형성하는 일은 국가(公)와 시장(私)으로 양분되면서 사라진 공공의 영역(共)을 되찾아오는 일, 즉 커먼즈를 회복하는 일이기도 하다. 지역주민들이 함께 소유하고 생산하고 관리해온 커먼즈가 축소되면서 개인은 자신이 필요한 상품이나 서비스를 일일이 시장에서 구매하거나 국가의 일방적 복지정책에 의존할 수밖에 없게 되었다. 커먼즈가 존재한다는 것은 지역에서 협동과 참여가 가능한 공간과 기회가 있다는 뜻이며, 공동 생산과 분배가 가능하다는 뜻이다. 커먼즈는 화폐 경제가 아닌 대안 경제의 구축이 가능하고 인간과 자연의 상호 돌봄이 가능한 토대가 된다.

히로이 요시노리의 생각—로컬과 커뮤니티

지역공동체의 부활은 기후재난의 근본 원인인 글로벌 자본주의를 극복하기 위한 하나의 대안이기도 하다. 히로이 요시노리는 성장이 중단되고 일자리가 부족한 '포스트 자본주의' 사회의 대안으로 '로컬(지역)'과 '커뮤니티(공동체)'를 제시한다. 보통 '로컬 커뮤니티'는 지역공동체라는 한 단어로 사용되지만, 로컬과 커뮤니티는 각각 다른 범주에 속한다. 로컬은 로컬-내셔널-글로벌이라는 공간 축의 일부이며, 커뮤니티는 사회를 구성하는 주체들의 관계성에 따른 호혜성(共)-재분배(公)-교환(私)이라는 축의 한가지 요소이다.[12] 여기서 호혜성, 재분배, 교환은 칼 폴라니가 인간의 경제행위의 세 가지 기본유형으로 제시한 것이다. 호혜성은 가족이나 친족, 공동체에서의 필요에 따른 분배이며 교환은 화폐 경제, 재분배는 국가의 복지정책을 뜻한다.

일반적으로 호혜성은 로컬, 재분배는 내셔널, 교환은 글로벌과 대응하지만(글로벌 자본주의 이전에도 오랫동안 국제무역이 존재했다) 근대 산업화 시대에는 이것이 모두 내셔널 수준으로 집중돼 있었다. 즉 민족국가라는 확대된 공동체가 공공성(호혜성과 재분배)을 모두 책임지며 시장(교환) 역시 국내시장 혹은 국민경제가 주축이 되었다. 이는 내셔널이라는 단위가 산업화 시대의 근간인 공업 생산의 규모와 인프라가 구축되기에 최적의 단위였기 때문이다. 그러다가 신자유주의 시대의 금융화, 정보화가 진행되면서 내셔널 수준의

12   히로이 요시노리, 박제이 옮김, 《포스트 자본주의: 과학·인간·사회의 미래》, AK커뮤니케이션즈, 2017, 199.

공공성이 약화하고 국가의 빗장이 풀리면서 교환마저 세계 시장으로 수렴되는 새로운 지배체제가 등장했다. 그러나 글로벌 자본주의가 기후위기와 불평등이라는 문제를 발생시킴에 따라 포스트 자본주의 시대에는 공간과 관계의 매트릭스가 바뀌어야 한다는 게 히로이의 주장이다. 로컬, 내셔널, 글로벌 각각의 수준에서 호혜성, 재분배, 교환의 기능이 모두 갖춰져야 하며, 특히 로컬 수준에서 공동체(호혜성), 지방정부(재분배), 지역경제(교환)가 상호작용해 독자성을 강화하는 게 바람직하다는 것이다.[13]

지역에서 기후돌봄공동체가 가능하려면

그렇다면 지역의 역량을 강화하는 핵심 단위인 지역공동체는 어떻게 만들어질 수 있을까? 지역공동체의 형성은 상호의존성이라는 책무나 호혜적 관계만으로 가능한 게 아니라 지방정부와의 거버넌스, 지역의 경제적 자원을 필요로 한다. 지방정부가 독점해온 공공의 자원과 권한을 주민들과 나누어야 지역공동체가 활동할 수 있는 여지가 비로소 생긴다. 지방정부 소유의 공유지에서 주민들이 함께 경작하는 마을 텃밭이라든지, 주민참여예산을 활용해 지역과 주민들의 생활

13   히로이 요시노리, 같은 책, 206.

에 필요한 사업을 직접 담당하는 마을공동체 활동을 떠올리면 이해하기 쉽다. 마찬가지로 지역공동체가 돌봄공동체로 기능하기 위해서도 상호지원, 공공공간, 공유자원, 지역 민주주의라는 네 가지 핵심 자원이 필요하다.[14]

이를 기후돌봄공동체에 대입해보면, 공공공간이나 공유자원은 기후재난 피해가 예상되는 지역의 시설물이나 인프라, 지역 생태계 등이 될 것이다. 상호지원은 공동체를 유지해주는 것(커먼즈, 상호의존성 등)에 대한 이해에 기반한 호혜적 실천이며, 지역 민주주의는 주민들의 자조활동을 지원하는 지방정부와의 협력과 함께 공동체 내부의 민주주의를 포함할 것이다.

지역공동체가 어떻게 생산공동체, 생활공동체, 나아가 재난공동체가 될 수 있는지를 보여주는 생생한 사례는 재난이 일상화된 일본 전통사회에서 찾아볼 수 있다.[15] 현재 일본에 남아 있는 신사神社의 수는 8만 개가 넘는데, 메이지 시대 초기에는 그 수가 무려 20만 개에 달했다고 한다. 신사는 좁은 의미의 종교시설을 뛰어넘어 시장이나 축제장이 되는 등 지역공동체의 중심 역할을 했고 재난 시에는 대피 시설 역

14   더 케어 컬렉티브, 앞의 책, 90.

15   히로이 요시노리, 앞의 책, 223-225.

할도 했다. "무슨 일이 닥치면 가능한 한 가까운 신사로 대피하라"라는 말이 금과옥조처럼 여겨졌으며, 실제로 2011년 동일본대지진 당시 쓰나미가 도달한 경계 선상에 많은 신사가 남아 있었다는 사실이 확인됨에 따라 신사의 위치가 지진, 해일 등 재난에서 안전한 것으로 입증되었다.

게다가 신사는 지금 일본사회에서 단순한 역사적 기념물이 아니라 '자연에너지 공동체 구상'의 핵심 단위가 되고 있다. 일본은 지역에 따라 지열, 소수력, 풍력, 태양광 등 자연에너지(재생에너지)를 이용한 전력 자급률을 높이고자 하는데, 자연에너지를 단순히 '자원'으로 취급하는 게 아니라 자연의 힘을 빌려서 에너지를 만든다는 관점에서 지역의 신사를 지역자치와 공동체의 문화적 구심점으로 만들고자 한다.

신사는 하나의 대표적 사례일 뿐이다. 사실 전통적인 장소뿐만 아니라 학교, 복지·의료 관련 시설, 공원 등 주민들이 많이 모이는 곳이라면 어디든지 지역의 '기후 회복력 허브' 역할을 할 수 있다.

지역 기반 대안적 돌봄 공동체의 모색

일본의 사례에서처럼 근대 산업화 과정에서 주변부로 밀려났던 지역의 중심성을 회복하고 생산과 생활, 에너지 전환, 나아가 기후재난 대응까지 통합한 공동체를 구상하고 모색하는 일이 세계 여러 곳에서 분출하고 있다. 서구에서도 쇠락한 공업지역을 중심으로 주민들이 의사결정에 참여함으로써 지역경제 활성화의 돌파구를 마련한 지역공동체 사례가 많이 있다.[16] 이런 곳에서는 석탄 산업이나 제조업 등 탄소 다배출 업종을 퇴출하는 대신 돌봄, 보육, 교육, 여가, 관광 등 비물질적 서비스 산업으로 전환한다. 이 과정에서 주민들은 자기 지역에서 가치 있는 것, 바람직한 것, 가능한 것을 찾아내고 지역의 미래에 대한 목표를 공유한다.

    마찬가지로 우리도 급속한 성장의 시대를 지나 일자리가 줄어들고 인구소멸이 우려되는 가운데 다양한 지역공동체 활성화 프로그램이 시도되고 있다. 중앙에 종속된 지역 정치에서 단순히 구경꾼으로 남아 있거나 정치 전략에 동원되는 게 아니라 지역발전에 대한 대안을 갖고 참여하며, 정치적 행동이 가능한 영역을 되찾아오려는 시도이다.

    지역공동체가 실천할 기후 돌봄의 대상에는 어린이, 노약자 등 전통적인 돌봄의 대상뿐만 아니라 기후위기 상황에서의 최일선 당사자, 지역의 동식물과 생태계, 시설물까지

16　찰스 테일러 외, 앞의 책. 저자들은 오스트리아의 랑게네크와 브레겐츠, 독일 하이델베르크, 미국 위스콘신 주 사우스우드 카운티, 캘리포니아 주 샌디에이고, 매사추세츠 주 로렌스, 오리건 주 포틀랜드, 캐나다 브리티시컬럼비아 주 등 유럽과 미주의 다양한 지역공동체 활성화 사례를 통해 경제적으로 낙후된 지역을 중심으로 발흥하는 포퓰리즘을 막고 민주주의를 재건하는 과정을 소개한다.

포함될 수 있다. 인간적 취약성과 함께 기후재난 앞에 놓인 만물의 취약성까지 고려한 돌봄의 재구조화가 가능하다면, 이는 지역경제를 활성화하고 공동체의 가치를 회복하는 가운데 기후 회복력을 강화하는 결실의 과정이 될 것이다. 이렇게 형성된 지역의 기후돌봄공동체는 지금까지와는 다른 탈성장의 삶을 실험하고 실현하는 장소이자 안전과 상호 돌봄을 가장 우선적인 가치로 삼는 공동체로서 전체 사회의 변화를 촉진하는 기초 단위가 될 수도 있다.

요컨대 기후재난은 역설적으로 지역을 재건하는 기회가 되며 이는 지역 민주주의를 넘어 국가 차원의 민주주의를 작동시키는 데도 기여한다. 대의민주주의는 제도 자체의 단기적·가시적인 성격 때문에 기후위기 대응처럼 장기적인 미래를 염두에 두지 못한다. 그러나 지역으로부터 뚜렷한 대안이 나온다면 국가가 주도하는 대규모 기후위기 완화 정책에서도 어떤 돌파구가 마련될 수 있다. 특히 재생에너지 전환과 돌봄 중심의 지역사회 재구조화라는 정책의 경우, 아무리 중앙정부에서 계획을 세우더라도 결국 지역에서 실현되어야 한다. 따라서 주민들의 지역정치 참여, 거버넌스 참여, 그를 통한 자원의 공공적 이용과 관리라는 해법은 기후돌봄공동체의 발전으로 자연스럽게 이어질 수 있다. 이 모든 일을 위한 우선 과제는 인간 돌봄과 자연 돌봄을 결합한 새로운 돌봄 활동 그리고 그 실천 주체인 마을과 사람을 상상해보는 일이다.

4. 기후돌봄공동체의 가능성
   —서울의 세 사례를 중심으로

　　지역공동체가 기후돌봄공동체로 발전할 가능성을 서울의 세 지역 사례에서 살펴보고자 한다. 각각 제로웨이스트, 에너지 전환, 도시농업이 활동의 중심이 된 사례로서 서울시가 추진했던 마을 만들기, 사회적 경제, 생태전환 정책의 결과물이다. 기후위기와 일자리 부족, 지역 격차 등 서울의 사회생태계 상황을 고려할 때 지역공동체가 돌파구임은 분명해 보인다. 그러나 현실적으로는 대도시의 비동질성, 익명성, 이동성으로 인해 지역공동체의 형성과 유지가 어려운 가운데 박원순 시장 재임기(2011~2020)에 행정력과 예산, 공공자원이라는 마중물을 통해 주민들의 모임과 활동이 시작되었다.

　　이 시기에 공공기관이 마련한 공론장을 계기로 마을 활동가들이 하나둘씩 등장했고, 주민참여예산, 마을기업, 협동조합, 사회적 기업, 중간지원조직을 통해 이들의 활동영역이 점차 확대되었다. 마을공동체는 돌봄, 도시재생, 혁신교육, 사회적 경제 등을 지역에 뿌리내리기 위해 노력했고, 나아가 도시농업이나 에너지 전환 등 기후위기 대응을 묶어내고자 했다. 한편 서울시는 단기간에 마을공동체를 형성하고 성과를 내기 위해 직접 사업을 구상하고 예산을 주는 행정의 한계를 인식하고, 주민들의 자율성을 확보하는 민관협치를 시도하기도 했다.[17] 비록 마을공동체가 자생적인 지역공동체로 정착하지 못한 상태에서 지방정부의 권력 변화로 인해 예산지원이 중단되어 사업의 어려움을 겪고 연속성이 끊어졌으나, 일부 집단은 계속 살아남아 기후돌봄공동체의 가능성을 보여준다.

성북기후위기비상행동

성북기후위기비상행동(이하 성북기후행동)은 2020년 중간지원조직인 성북구 마을사회적경제센터 주최로 주민 공론장을 진행하면서 결성됐다. 당시 새로운 의제로 떠오른 기후위기 대응을 위해서는 주민들 개인의 행동을 바꿀 뿐만 아니라 다양한 단위에서 협력이 필요하므로 기존에 형성된 거버넌스에서 협력 방안을 논의하자는 취지였다. 성북기후행동 회원들은 환경 캠페인 활동으로 성신여대입구역, 돌곶이역, 성북천, 한성대입구역 등에서 평일 피케팅과 주말 거리행진을 진행하기 시작했다. 이후 마을사회적경제센터가 주최한 '기후위기 시대, 거버넌스로 지역의 변화를 만들다'(2021.12.)라는 포럼에서 성북기후행동은 에너지 효율을 높이는 노후주택 수리, 우리 동네 햇빛발전소 설치와 운영, 자원순환과

---

17 유창복, 《시민민주주의: 마을, 협치, 자치 2012~2022》, 서울연구원, 2020.

재활용률을 높이기 위한 재활용 정거장 등의 필요성을 제기했다. 이런 사업들이 원활하게 진행되려면 구민, 중간지원조직, 구의회, 구청의 협업이 중요하다는 의견도 나왔다.

성북구는 이전부터 마을공동체와 사회적 경제 활성화 정책이 활발하게 진행됐던 곳이다. '마을 만들기 지원조례', '사회적 가치 실현을 위한 사회적 경제 기본 조례' 등이 제정되었고, 그에 따라 중간지원조직인 성북구 마을사회적경제센터가 설립·운영되어왔다. 센터는 사회적 경제의 주체로 활동하는 단체의 입주와 활동을 지원한다.

그중 한곳이 대안생활 실천모임인 '나를돌봄 서로돌봄, 봄봄'(이하 봄봄)이었다. 봄봄은 2016년 여성환경연대에서 주최한 교육을 계기로 탄생한 주민 모임으로, 지구를 위한 지속가능한 대안 생활을 제안하고 기후위기 대응과 제로웨이스트 실천을 위한 캠페인 활동을 해왔다. 구내 200여 개 상점이 참여한 '용기내#캠페인'과 '바다의 시작'(빗물받이에 고래 그림을 그리고 폐기물을 청소하는 일) 캠페인을 진행해왔다.

봄봄 등 기존 마을활동을 주축으로 자연스럽게 결성된 성북기후행동은 일회용 컵 보증금제 전면시행을 요구하면서 일회용 컵 줍깅 행사를 하거나 공공교통네트워크가 주관하는 서울시 대중교통 요금 인상 반대 캠페인에 참여했다. 마을사회적경제센터 역시 성북기후행동과의 협업 차원에서 '제로웨이스트 실천 선언식'(2023.4.)을 열고 불필요한 소비와 일회용품을 줄이는 재활용, 재사용 실천을 약속했다. 그 일환으로 다회용기 대여, 나눔마켓 공유대와 분리수거함 설치 등을 추진했다. 성북기후행동은 '햇빛은쨍쨍'이라는 협동조합을 만들어 향후 생태건축·집수리 전문 인력 양성, 비건 레시피 개발과 보급, 친환경 세차, 폐현수막을 활용한 공공 폐기물 봉투 제작 등 기후위기 대응 활동을 중심으로 하는 사회적 경제 구축을 논의 중이다.

성대골 에너지자립마을

성대골(동작구 상도 3·4동)은 2011년 후쿠시마 원전 사고를 계기로 에너지 학습과 전환 운동을 시작했다. 성대골 마을공동체의 기초가 된 것은 동네 사랑방인 어린이도서관을 거점으로 형성된 주민들의 연대의식과 유대 관계였다. 이를 바탕으로 성대골은 에너지 절약과 효율 개선 사업, 햇빛발전 협동조합 설립, 기후변화·에너지 학교 교육과 에너지 강사 양성, 에너지자립마을 축제, 에너지 절약문화 조성 등의 성과를 냈다. 에너지 전환 운동의 구심체로 마을닷살림협동조합 (2013)이 설립되었으며, 이 조합은 다시 '에너지슈퍼마켙'(전국의 소비자와 적정기술 제품 생산자를 이어주는 유통업체)이라는 마을기업(2014)을 탄생시켰다. 그 밖에도 인근 국사봉중학교와 함께 햇빛발전을 위해 만든 생태에너지사회적협동조합, 이익공유형 재생에너지 사업을 목표로 지역 내 다양한 기관이 참여한 성대골에너지협동조합, 마을 목수가 참여해 집수리 사업을 진행하는 우리집그린케어협동조합 등이 있다.

　도서관에서 시작된 주민공동체가 에너지 공부 모임으로 발전했고, 그 모임이 일상의 에너지 절약과 효율 개선에서 시작해 햇빛발전소를 설립하는 단계까지 나아갔다. 최근 사업인 '우리집그린케어'는 기후위기 시대에 지속가능한 주거 관리, 지역자원 활용, 초임 기술자의 창업 진입장벽 해소 등의 목적을 내걸고 있다. 에너지 전환 운동을 지속적으로 추진하려면 관련 활동이 수익으로 연결되고 일자리가 창출되어 '마을에서 에너지로 먹고살기'가 가능해져야 하는데, 성대골은 이런 과정을 착실히 밟아왔다. 성대골에는 집집마다, 거리나 가로등마다 소형 태양광 패널이 달려 있고, 건물의 옥상에도 햇빛발전소가 설치되어 있다. 다른 지역과 뚜렷이 구별되는 풍광은 성대골의 정체성을 확립하고 주민들의 자존감을 높이는 데 기여한다.

　성대골은 이에 더해 재난공동체의 가능성도 보인다. 이곳은 노후주택이 밀집한 지역이면서도 2014년 재개발 대상이 아니라 서울형 도시재생사업 지구로 지정됐다. 한강 주변으로 지대가 낮은 탓에 과거에도 침수를 겪은 적이 있지만, 기후위기로 인해 서울에 기습적인 폭우가 내린 2022년 여름에는 성대골과 인근 전통시장을 포함한 넓은 지역이 침수되는 바람에 특별재난지역으로 선포됐다. 성대골은 2019년 하반기에 리빙랩(주민이 주도적으로 생활 속 문제를 발견하고 해결책을 설계하여 문제를 해결하는 사회혁신 정책) 사업으로 마을조사를 벌였다. 이 과정에서 침수 가능성이 높은데도 서울의 다른 지역과 같은 크기의 하수관로를 사용한다는 사실을 발견하고 시정조치를 구청에 요구했으나 받아들여지지 않았다. 잦은 인사이동으로 지역의 역사와 사정을 모르는 공무원들과 달리, 오랫동안 거주해온 주민들은 문제점을 잘 알고 있었던 것이다. 재난 예방에는 지역 거버넌스가 중요하다는 점을 여실히 보여주는 사례인 셈이다. 성대골 주민들은 또다시 폭우가 쏟아진다면 피해가 재연된다는 사실을 알리기 위해 사진과 동영상으로 침수기록을 남기는 한편, 피해당사자인 부녀회장과 전통시장 상인회장 등이 직접 인근 학교를 찾아가 학생들에게 교육을 실시하기도 했다.

노원도시농업네트워크

노원도시농업네트워크는 노원구 중계동의 '천수텃밭'이란 농장을 중심으로 도시농업과 교육 활동을 실천함으로써 지역주민들에게 건강한 먹거리를 재배할 기회를 제공해왔다. 또한 시농제, 텃밭음악회, 공동체 김장 등 다양한 행사를 개최하며 마을공동체를 활성화하는 데도 기여하고 있다. 이곳의 활동 목표는 도시농업으로 도시 옥상을 녹화하기, 빗물 활용기술을 연구하고 실천하기, 음식 폐기물을 퇴비로 만들어 도시 내 자원순환모델을 구축하기 등이다.

이 단체는 노원지역 마을공동체인 '함께노원'에서 주최한 도시농부학교의 1기생들이 중심이 되어 2011년 시작되었고, 2013년 정식으로 창립했다. 마침 중계동 천수텃밭을 농지로 확보하면서 지속적인 활동이 가능해졌다. 2000년대에 시작된 귀농귀촌운동으로 도시농업에 대한 시민들의 관심이 높아진 데다 서울시가 도시농업 지원정책을 펼치면서 순조롭게 뿌리를 내렸다. 이곳은 기본 농사뿐 아니라 음식 폐기물 퇴비화를 통한 자연순환 실습장 조성(2013), 노원도시농부 시농제(2014), 도시농업활동가 양성(2015), 도시농업 보급작업 착수(2016), 5개 사업권역(중계동 천수텃밭, 경춘선숲길 텃밭공동체, 노원에코센터 내 '모두의 정원', 동북4구 도시농업·도시재생 추진단, 상계동 기쁨의교회 허브동아리) 확장(2017), 5개 사업권역에서의 리더십 배양(2018) 등으로 영역을 넓혔다. 또한 버섯·곤충 및 양봉 과정(2019), 빗물을 활용한 '하늘물' 맥주 생산(2020), 기후변화 해법으로 이끼 키우기(2023) 등의 활동을 이어가고 있다.

도시농업의 목적은 단순히 농법을 배우고 농작물을 생산하는 것을 넘어서 기후위기를 극복하는 활동가들을 양성하고, 나아가 도시의 자급률을 높여 문명전환의 토대를 마련하는 것이다. 참가자들은 에너지와 식량의 의존도가 높은 도시에서 직접 농사를 지음으로써 기후 감수성을 키우고 자급

경제와 탈성장의 삶을 몸소 실천한다. 또한 토양과 물관리에 대한 이해를 높이고 생태계의 순환 원리를 배울 수 있다. 도시농업은 생태환경교육과 연계되어 '교육농' 운동(학교 안팎의 텃밭을 가꾸는 교사들이 모임을 만들어 농사 경험을 나누고 농법을 연구하는 동시에, 농사 경험을 생태환경교육의 교수·학습 방법에 적용하는 운동)을 낳기도 했다. 도시농업은 기후위기를 완화하고 기후재난에 적응한다는 양 측면에서 대표적인 기후돌봄공동체 운동이 될 수 있다.

　　이상의 사례들은 그 내용과 형식은 조금씩 다르지만 서울의 다른 지역에서도 시도돼왔다. 서울의 25개 자치구 가운데 18곳에 주민조직인 기후위기비상행동이 조직되어 있는데, 이들은 제로웨이스트를 비롯한 일상의 실천은 물론이고 집단적인 기후행동으로 기후정치와 기후정책을 요구하는 캠페인에 참여하기도 한다. 에너지전환마을이나 도시농업네트워크도 다수 존재한다. 박원순 시정에서 시도된 마을공동체, 풀뿌리 민주주의 실험은 단기간, 실적 위주, 하향식 행정의 한계(소수 주민 참여, 예산 의존, 지역 특색과 상관없는 비슷한 사업)가 있음에도 그 씨앗만큼은 뿌려놓았다. 이런 조직들이 기후재난 시대에 요구되는 기후돌봄공동체의 역할을 떠안는 것이 오늘의 과제일 것이다.

　　그동안 서울의 마을공동체는 성장과 개발에 저항하

면서 재생, 복지, 행복에 초점을 두고 활동했다. 지역에서 일자리를 만들고 돌봄을 확대하며 서버넌스에 참여함으로써 공동체적 삶을 추구했다. 기후위기는 여기에 더해 물리적 재난에 대한 예방과 대처와 복구, 불확실한 미래로 인한 심리적 불안정성의 해결이라는 과제를 던진다. 이에 대응하는 일이 기후 적응과 회복력 강화의 길이기도 하다. 이를 위한 기후 돌봄 실천은 기존의 지식과 혁신적 행동을 결합한 통합적 접근을 요청하며, 당장 눈앞에 닥친 취약함을 다루는 데 그치는 게 아니라 앞으로 닥쳐올 불확실성과 도전을 받아들이고 그에 대처하는 역량을 요구한다.

공동체가 기후 돌봄을 수행하기 위해 갖추어야 할 역량으로는 기후재난 예방이나 대처에 필요한 기술과 지식, 피해당사자는 물론 주민 전체에 대한 감정적 지원, 기후위기 시대에 맞는 문화적 변화 등 세 가지를 꼽을 수 있다. 첫째, 기술과 지식이 요구되는 분야로는 시설물의 수리와 유지관리, 인프라 정비, 에너지 전환, 도시농업, 탄소 배출량 감축, 공동체 조직 등이 있다. 둘째, 감정적 지원은 과거와는 달라진 공동체의 역량이며 기후불안, 기후우울, 기후변화에 대한 마음의 준비, 상실감, 애도, 재난을 알아차리는 감각, 재난에 대한 증언 등을 돕는 일이다. 마지막으로 문화적 변화는 지역공동체의 역사와 토착성에 대한 이해, 미래 세대와의 연결과 소통, 새로운 공동체 화합이나 의례, 커뮤니티 스토리텔링, 공

동체의 미래에 대한 집단 상상 등을 가리킨다.[18]

지금까지 국내 지역공동체는 기술과 지식 그리고 문화적 변화에 주로 역량을 집중해왔다. 앞서 소개한 성북기후행동의 제로웨이스트, 성대골의 에너지 전환, 노원도시농업네트워크의 도시농업은 일부 주민들의 관심사와 활동이 계기가 되어 지역공동체 활동이 시작되고, 다양한 문화행사와 축제, 교육ㆍ학습이 진행되면서 활동의 의미와 목표를 만들어나갔다. 이 과정에서 지역의 역사나 지리ㆍ생태적 특성, 경제ㆍ사회적 상황에 대한 이해를 조금씩 넓혀왔다. 예컨대 성대골은 대규모 침수에 대응하면서 지역의 고유한 특성과 약점으로 눈을 돌렸다. 이처럼 획일적으로 개발된 도시에서도 지역마다 고유한 지형지물에 따라 생태환경이 달라지기 때문에 이를 고려한 공동체 활동이 기후 돌봄에 적합할 것이다.

그러나 감정적 지원은 아직 거의 시도되지 않은 영역이다. 기존의 마을공동체는 성장이나 개발과는 다른 대안적인 '삶'과 '경제'를 위주로 활동해왔던 만큼 재난, 붕괴, 피해, 소멸, 회복 등과는 거리가 있었기 때문이다. 더욱 잦은 재난이 예상됨에 따라 삶의 고통과 수축을 현실로 수용하고 정신적 회복력을 키우는 마음 돌봄이 요구된다.

---

18 https://careclimate.community

5. 난잡하게 관계 맺기
―부정적 커먼즈에 주목하라

기후위기에 적응하고 기후 회복력을 강화하는 과정은 그 위기를 만들어낸 것과 같은 방식으로 이뤄질 수는 없을 것이다. 지역에서 나타난 기존의 주민 활동은 이분법적·선형적·계획적인 방식이다. 글로벌 자본주의에 반대해 지역공동체를 재건하고, 과도한 생산과 소비에 반대해 제로웨이스트를 추구하며, 도시재생이 재개발·재건축의 대안이고, 국가와 기업의 독점에 반대해 커먼즈를 주장하는 식이다. 모두 바람직한 대안이지만 기후재난 시대의 예측 불가능성, 즉각적이면서 즉흥적인 대응 방식과는 맞지 않는 측면이 있다. 질서, 계획, 목표, 성과, 진보 등 근대성이 남겨 놓은 감정적·문화적 차원에 균열이 생길 때 비로소 '기후재난', '적응', '회복력', '돌봄'이라는 단어가 현실에 걸맞는 부피감을 얻게 될지도 모른다.

그 단초가 '부정적 커먼즈negative commons'라는 개념에 있다. 커먼즈는 보통 그것을 돌보는 공동체에 효용을 주거나 긍정적 효과를 낸다. 그러나 부정적 커먼즈라는 개념은 부정적 효과를 내는 것, 때로는 커먼즈로 인식조차 안 되는 대상을 가리킨다. 예컨대 대기 중 이산화탄소, 각종 폐기물, 핵발전소처럼 공동체 전체에 영향을 주면서 그 관리 책임이 모호하거나 부담이 미래로 이월되는 사물이 여기에 속한다. 과도한 생산으로 인해 자원순환이 어려워지고 이로 인한 각종 폐기물은 가난한 지역이나 땅속 혹은 바다로 향한다. 통상적인 범주의 폐기물은 아니지만, 산업화 시대의 여러 인공물(화석연료, 공급체인, 디지털기술, 기계 농법, 대량교통수단) 역시 그것의 존재로 인해 미래의 변화 가능성(사회경제적 유동성)이 제한된다는 점에서 부정적 커먼즈가 될 수 있다.[19]

부정적 커먼즈라는 개념에는 두 가지 이점이 있다. 첫째, 모두에게 이익을 주는 긍정적인 것으로만 간주돼온 커먼즈의 부정적인 얼굴(산업화 시대에 지구에 구축되고 남겨진 각종 인공물들로서 비인간 존재만이 아니라 현재와 미래의 인간에게도 위해가 될 수 있는 것들)에 주목함으로써 해당 커먼즈가 다수의 손해를 바탕으로 일부에게만 이익을 준다는 사실을 일깨워준다. 이는 흔히 커먼즈로 간주되는 많은 것이 실제로는 갈등으로 가득 찬 비커먼즈라는 점을 드러내기도 한다. 둘째, 사회적 가치가 부여되지 않거나 외면해왔던 부정적 커먼즈를 민주적으로 공동 관리하는 기회를 부여한다. 예컨대, 산업사회의 각종 폐기물이나 살충제, 최루탄 가스처럼 특수

19 Alexandre Monnin, 'Negative commons: Between waste and ruins', *Études*, 2021/9 (September), 59-68.

지역공동체에서 시작하는 기후 돌봄   113

한 목적으로 사용된 물질은 공동체가 해결해야 하는 부정적 커먼즈로 남아 있다. 이런 폐기물과 유해물질의 존재를 가시화하고 그 책임을 묻는 과정은 과거에 그 물질로 이익을 취했던 집단의 존재를 드러내고, 커먼즈에 얽힌 다양한 존재 간의 평등과 정의, 민주주의를 이룩하는 데 도움이 된다.

기후돌봄공동체와 관련하여 부정적 커먼즈에 주목해야 하는 이유는, 그것이 마을 만들기나 지역 재생 사업에도 여전히 남아 있는 개발과 발전의 관성을 극복하고 산업화 시대의 생활양식을 성찰하는 기회가 되기 때문이다. 가령 제로웨이스트 운동의 목적이 폐기물을 덜 만들거나 재사용, 재활용하는 것이라면(그런데 기나긴 밸류체인 속에서 실제로 재사용, 재활용되는지 알 수 없다면) 다른 곳으로 보내는 대신 지역에서 폐기물과 공존하면서 이를 순환시켜야 한다. 이는 폐기물을 가치 없는 것, 더러운 것, 해로운 것, 치워야 할 것으로 여기는 인식을 버릴 때 비로소 가능하다. 폐기물은 순환할 뿐 결코 사라지지 않으며 자연으로 돌아갈 때까지 그 운명을 우리와 함께해야 한다. 폐기물뿐 아니라 화석연료 산업이나 교통수단 등 산업화 시대의 좌초자산 역시 이와 같은 대상이다.

부정적 커먼즈를 다루는 노을공원시민모임(이하 시민모임)의 사례에서 '난잡한 돌봄'의 모습을 가늠해보고자 한다. 시민모임은 폐기물 매립지였던 서울 마포구 난지도에 조성한 노을공원의 생태적 회복을 돕기 위해 폐기물 산의 경사면에 나무를 심고 숲을 가꾸는 운동을 펼쳤다. 이들의 활동이 보통의 숲 가꾸기와 다른 것은, 여전히 발밑에 거대한 폐기물 더미가 존재하고 때로는 그것이 얇게 덮은 토양층 밖으로 나오거나 악취를 풍기는 등 악조건 속에서 공원을 자연으로 되돌리기 위한, 폐기물과의 공존을 선택했다는 것이다. 상상 속의 '맑고 깨끗한 자연'이 아니라 대량 소비사회가 남긴 거대한 폐허를 공동체의 커먼즈로 받아들인 것이다.

한강의 하중도였다가 1977년 매립돼 육지가 된 난지도는 1978년부터 1993년까지 15년간 서울과 경기도 북부의 폐기물 매립지였다. 전체 2.9㎢의 폐기물 처분장 부지 가운데 1.75㎢에 걸쳐 90m 높이의 거대한 폐기물 산이 생겼고 폐기물의 양은 8.5t 트럭 1,300만대 분량인 1억 1,050만t에 이른다. 매립지 폐쇄 이후, 서울시는 이곳을 생태공원으로 조성하기 위해 폐기물 산 위에 흙을 덮었고 침출수가 한강으로 유입되지 않도록 차수벽을 설치했다. 폐기물에서 발생하는 메탄가스 등은 인근 월드컵 공원과 경기장 시설의 열 에너지원으로 활용한다. 2002년 개원한 월드컵 공원은 노을공원(제1매립지), 하늘공원(제2매립지) 외에 평화의공원, 난지천공원, 난지한강공원(한강시민공원 난지지구)으로 구성돼 있다.

시민모임이 발족한 건 2011년 9월이다.[20] 처음에 노을공원 상층부 평지에 골프장이 조성되자 40여 개 시민단체가 힘을 모아 골프장을 철거하고 대중 공원으로 전환했는데, 그 일부가 숲 가꾸기 모임으로 이어졌다. 단면이 사다리꼴인 공원의 경사면은 당시 나무가 거의 없어 과거에 매립된 폐기물이 지면 곳곳에 노출됐다. 가파른 탓에 접근이 쉽지 않은데다 토양층이 얕아서 나무를 심기 어려웠고, 애써 심은 나무가 뿌리를 내리지 못하거나 침출수의 영향으로 죽는 등 생존율이 30~50%에 불과했다. 그러나 2011년부터 2022년까지 시민모임을 중심으로 봉사자 3만 6,258명이 노을공원과 하늘공원 내 46개 권역 약 16만 5,000㎡에 나무 141종 13만 3,708그루를 심고 가꾸었다. 상암동 월드컵경기장 잔디 넓이(9,126㎡)의 무려 18배에 이르는 면적이다.

시민모임은 묘목을 옮겨심는 대신 씨앗부터 키워서 숲을 만드는 천이 방식을 택했다. 심는 방식은 땅에 구덩이를 파고 씨앗을 직접 심는 노천 파종, 나무를 키울 자리에 흙과 씨앗을 넣은 천연 마대를 깔아주는 씨앗은행, 씨앗으로 키운 어린나무의 이식 등이었다. 이 과정에서 겪었던 어려움 중 하

20 이하 시민모임의 역사는 연합뉴스 인용. '폐기물 산에 숲 키우는 활동가 "여기 사는 동식물에게 고맙다", 이세원 기자, 2023.7.10. https://www.yna.co.kr/view/AKR20230709058100005

나는 물 부족이었다. 폐기물에서 나오는 침출수를 줄이기 위해 빗물이 쉽게 배수되도록 설계한 탓에 노을공원에는 아직도 물이 귀하다. 그래서 여러 시행착오 끝에 나무를 심는 주요 거점에 5t짜리 대형물통 31개를 놓고 전체 길이 6㎞의 급수관을 설치했다. 또한 숲이 우거지면서 늘어난 동물들이 물을 마시도록 땅에 묻은 고무통에 흙을 채우고 수초를 심어 인공 연못을 만들었다.

시민모임의 활동은 폐기물 산이라는 부정적 커먼즈를 공동체의 자산으로 받아들이면서 자연의 생명을 되살리는 과정이다. 인간들만의 관계를 벗어나 폐기물-나무-빗물-토양-동식물-죽은 나무(통)-매립장 설비 등과 관계 맺는 일이며, 이 모든 것을 유기적으로 연결함으로써 풍성한 이야기를 만들어내는 일이기도 하다. 노을공원의 재야생화 과정은 자연과 인공, 생산과 폐기 사이의 인위적 경계를 걷어내고 횡단하는 실험이다.[21] 이는 주체(인간)-대상(자연)의 이분법을 허물

---

21 운영위원 김성란 씨는 "진짜 생명의 힘을 느낄 수 있고 희망을 볼 수 있는 일"이었다고 회고한다. "처음 이곳에 왔을 때는 인간인 내가 싫어질 정도로 정말 폐기물 산이었다. 그러나 달라진 산을 보고서 삶이라는 건 살아볼 가치가 있다고 생각하게 됐다. 세상이 정말 아름답다는 생각을 많이 한다." "숲 만들기를 함께한 사람들뿐 아니라 여기서 살아준 동식물에게도 굉장히 고맙다. 우리가 하는 일이 필요 없어질 만큼 숲이 건강하게 자라면 좋겠다. 그것은 단순히 나무들의 힘뿐만 아니라 사람들의 인식에도 변화가 생긴다는 의미이다." 위 연합뉴스 기사 인용.

고 대상으로만 간주했던 비인간 존재에 대한 객체 지향적인 마인드로 역행(involution, 안으로 되말리는 것으로 밖으로 파열하는 혁명revolution과 대비된다)하는 일이기도 하다.[22] 대상에 몰입해 새로운 앎과 경험에 이를 때 돌봄은 의무나 정의, 윤리를 넘어서 욕망을 발산하고 기운과 감정을 해방하는 일이 되고, 삶의 활력을 주는 공동체를 창조하는 일이 된다.

　　지역공동체를 형성하고 유지하기 위해서는 공동으로 소유하고 관리하는 커먼즈가 필요하다. 국가와 기업으로 흡수된 공공성, 유무형의 커먼즈를 되찾음으로써 자본주의 경제에서 교환 가치와 상품으로 환원된 호혜적 경제, 자급경제, 인간 돌봄과 자연 돌봄을 회복하는 것이 기후 회복력 강화의 요건이자 내용이기도 하다. 그렇다면 생산자원으로서의 커먼즈가 아니라 폐기 또는 유기된 부정적 커먼즈에 오히려 기후 돌봄에 필요한 풍성한 자원이 숨어 있을 가능성이 크다. 낡은 건물과 시설물, 기후위기 시대에 어울리지 않는 인프라, 석탄발전소, 내연기관 자동차, 과잉생산으로 쌓여가는 옷과 생활용품과 일회용품 폐기물 등 산업화 시대가 우리에게 남긴 부정적 커먼즈는 어쩌면 무궁무진하다. 이들을 외면하면서 우리 자신과 지역을 돌보는 일은 오늘날 불가능하다.

22　신승철, 「탈성장 사회 비전과 전략」, 생태적지혜연구소협동조합 기획, 《탈성장을 상상하라》, 모시는사람들, 2023, 125-132.

이는 기후운동으로서 제로웨이스트 캠페인이 목표로 하는 자원순환 모델의 좀 더 넓은 지평이 될 수도 있다. 인간과 비인간(자연, 기술적 인공물, 폐기물 등)을 가로지르는 난잡한 돌봄을 통해 무정형의 변화가 생겨나고, 그 과정에서 어떤 역량이 탄생할 것이다. 그 역량이란 무엇보다 인류세라 불리는 지금의 상황을 직시하고, 인간과 비인간이 모두 취약해진 시대를 살아가기 위해 돌봄이라는 가치를 진정으로 체화하는 것이다. 돌봄을 체득함으로써 취약한 존재들의 사회를 재조직하는 일이 가능해진다. 기후돌봄공동체에서 기술과 지식의 차원을 넘어 감정적·문화적 차원의 변화가 필요하다면, 그동안 우리가 생산과 효율성을 위해 방치해온 것, 보고 있으면서도 보지 못했던 것으로 돌아가 새롭게 관계를 맺는 일부터 시작해야 하지 않을까.

④

인류세의
비인간
돌봄

한신대 생태문명원

우석영

1. 인류세, 테크노스피어, 비인간 존재

2015년 〈사이언스Science〉지에 18명의 과학자들이 공동으로 발표한 논문 한 편은 오늘의 기후위기와 지구 시스템 위기를 잘 드러낸다. 이 논문에는 지구 시스템의 안전을 좌우하는 9가지 요소의 현황에 대한 2015년 당시의 평가가 수록되어 있다. 9가지 요소라 함은 기후변화, 생물권 보존, 성층권의 오존 파괴, 해양 산성화, 생지학적 순환(인과 질소의 순환), 토지 사용의 변화, 담수 순환 시스템, 에어로졸 농도 변화, 플라스틱 같은 신물질의 도입이다. 논문에서는 이 가운데 4개 요소, 즉 기후변화, 생물권 보존, 토지 사용의 변화, 생지학적 순환의 경우 이미 안전 한계선을 넘어선 것으로 평가하고 있다.[1]

그러나 이것은 2015년의 평가일 뿐이다. 2023년 〈사이언스 어드밴시스Science Advances〉지에 제출된 한 논문은 9가지 요소에 대한 새로운 평가 결과를 제시하고 있다. 그것은 앞서 언급한 4개 요소 외에 2개 요소 역시 그 한계선이 무너졌다는 것으로, 그 2개 요소는 담수 순환 시스템과 신물질의

---

1   김병권 외, 《기후위기행동사전》, 산현재, 2023, 57-59. 언급된 논문은 다음과 같다. W. Steffen et al., Planetary boundaries: Guiding human development on a changing planet, *Science*, 2015, Vol 347, Issue 6223.

도입이다.[2]

　　그렇다면 이 6가지 한계선 돌파의 원인을 뭐라고 특정할 수 있을까? 생물다양성과학기구IPBES와 기후변화에 관한 정부간 협의체IPCC는 2021년 공동 회의에서 기후위기와 생물다양성 위기의 공통 원인으로 몇 가지를 거론했다. "화석연료의 연소로 인한 온실기체 배출, 토지 이용 변화에 따른 서식지 전환과 훼손, 환경오염, 지속 불가능한 농작물 생산, 외래종 침입 등"의 직접적 요인들[3]이 바로 그것이었다. 여기서 '화석연료의 연소로 인한 온실기체 배출과 환경오염'은 '산업 자본주의의 경제활동, 에너지 생산과 소비, 군수산업, 도시화' 같은 요소와 관련된다. 한편 '토지 이용 변화에 따른 전환과 훼손, 지속불가능한 농작물 생산'은 '산업형 농업, 산림파괴, 도시화' 문제에 상응한다.

　　대체 이런 어마어마한 현실은 언제부터 어떻게 비롯된 것일까? 인류세Anthropocene 담론은 바로 이 질문에 대한 하나의 답변으로 제시된 것이라 할 수 있다. 인류세란 인간이 지구 시스템을 교란하는 막강한 힘으로 등장한 시기를 지칭하는 것으로, 이 말 자체는 새로운 지질학적 연대기의 후보로서 제

2　　Katherine Richardson et al., Earth beyond six of nine planetary boundaries, *Science Advances*, 2023, Vol 9, Issue 37.

3　　WWF, 지구생명보고서 2022, 64.

시된 것이다.[4] 그러니까 인류세를 옹호하는 이들이 보기에는 지금 우리는 (약 11,700년 전에 시작된) 홀로세(신생대 제4기 중 2번째 시기)가 아니라 그 이후의 시기인 인류세를 살아가고 있는데, 이 시기는 지구 역사상 전례가 없는 기이한 불안정의 시기이다. 전례가 없다는 것은, 그 불안정화의 동력이 지구에서 진화한 한 생물종에 불과하기 때문이다. 그러니까 하나의 생물종이 제 생존과 번영을 추구하느라 지구 전체의 질서를 교란하고 그리하여 마침내 제 생존조차 위태롭게 하는 역설적 사태는, 지구역사상 처음 있는 사태라고 볼 수 있다.

인간/비인간과 테크노스피어

기후 시스템을 비롯한 지구의 시스템의 교란이라는 현실을, 인간/비인간 관계라는 프리즘으로 바라보면 어떨까? 동일한 현실의 배면에서 우리는, 비인간 존재에 대해 자행되어온, 괴기스러울 정도로 무시무시하고 무감각한 지배와 착취를 발견하게 된다. 생산성과 효율성이 최우선시되는 생산

---

4   인류세의 정의, 인류세 담론의 등장 배경에 관해서는 다음을 참조하라. 캐롤린 머천트, 우석영 옮김, 『인류세의 인문학』, 동아시아, 2022; Erle C. Ellis, *Anthropocene: A Very Short Introduction*, Oxford UP, 2018; Julia A. Thomas, Mark Williams, Jan Zalasiewicz, *The Anthropocene*, Polity, 2020; Nathanaël Wallenhorst & Christoph Wulf (eds), *Handbook of Anthropocene*, Springer, 2023.

주의 체제하에서 지구 시스템이 교란되는 동안 비인간 존재의 생명력은 줄곧 위축되어왔다.

인류세 담론의 하나로 등장한 '테크노스피어Technosphere'(기술권)[5]라는 개념은 인간의, 비인간 존재/지구에 대한 지배력과 위해가 어느 수준인지 웅변한다. 이 개념의 주창자들에 따르면, 현재 지구에는 4개의 권역(광물권, 대기권, 수권, 생물권) 외에 또 하나의 권역, 즉 테크노스피어가 존재하고 있다. 테크노스피어야말로 인류세를 말해주는 제1의 상징이다. 왜냐하면 이 권역에 남겨진 자국과 폐기물이 인류세를 물리적으로 입증하기 때문이다.[6]

테크노스피어란 정확히 무엇이고, 무엇이 이 권역을 구성하고 있을까? 테크노스피어는 기술문명 시대에 접어든 이후 인간의 손에 의해 빚어진 모든 인공적 물질의 총체를 지시한다. 이 권역에는 "약 5천 개의 '자연' 광물과 대비되는… 17만 개 이상의 '합성 광물-같은 물질" 그리고 "농업에 의해 변형된 토양과 저인망 어업에 의해 배포된 해양 침전물"이 포함된다. 무려 "30조 톤의 물질"로 구성된 이 권역은 "지구 내 생

5   흔히 '기술권'이라 번역되지만, 이 번역어는 이 권역이 오직 기술의 산물이라는 함축이 있기에 적절한 것인지 의심된다. 그렇기에 이 글에서는 '테크노스피어'라고 쓴다.

6   Nathanaël Wallenhorst & Christoph Wulf (eds), ibid., 537-538.

존하고 있는 인간 바이오매스보다 10만 배 크다."[7]

이렇게 보면 이 권역은 인간의 기술력, 특히 18세기 후반 이후의 기술력에 의해 출현한 물질들로 구성되어 있는 것처럼 보인다. 하지만 피터 하프Peter K. Haff에 따르면, 테크노스피어는 기술력의 산물들만이 아니라 예술작품이나 인간의 조직, 인간의 신체 역시 포함한다.

테크노스피어를 채우고 있는 것의 사례로는 세계의 인간 대부분, 인간이 길들인 동물과 식물, 농업용 토양, 트랜지스터, 휴대폰, 컴퓨터, 컴퓨터 네트워크, 법률 조약, 예술작품, 의료 사무소, 건물, 학교, 기업, 정당, 정부 관료조직, 군대, 인프라와 더불어, 세계의 통신, 교통, 교육, 보건·금융 시스템, 국민국가 등이 있다.[8]

이 가운데 세계의 인간 대부분을 제외한 것들은 인간의 인공적 제작물이거나 자연 변형물이라는 범주에 귀속될 수 있을 듯하다. 그렇다면 테크노스피어의 한 구성물질이 인

7 Erle C. Ellis, ibid., 148.

8 Nathanaël Wallenhorst & Christoph Wulf (eds), ibid., 537.

류 그 자신이라는 말은 도대체 무슨 말일까?

　　　피터 하프의 생각으로는, 이것은 곧 테크노스피어가 단순히 인간의 산물만이 아니라는 것을 뜻한다. 다시 말해 하프가 보기에 테크노스피어는 인간의 산물이기도 하지만, 동시에 자율적인 행위 주체이기도 하다. 즉, "인간 경험과 행동 양식을 주조하는 거대한 규모의 힘"을 함축하기도 하는 테크노스피어를 창조한 것은 인간 행동만은 아니다. 그 창조의 동력원은 "그것의 규모, 복잡성, 심지어 존재 자체를 대다수 인간은 알 수 없는 자기강화적 피드백positive feedback 과정"이기도 하다. 바로 이 두 원인력에 의해 테크노스피어는 "수십억 명의 인간과 수조 개의 기술 인공물로 이루어진 지구 전체에 걸친 상호 연결된 복합물로⋯성장"했다는 것이다.[9] 문제는 이 권역이 "대사적 활동을 유지하는 능력"을 보유하고 있을 뿐만 아니라 "제 행동 양식을 스스로 더 잘 통제할 수 있으며", "다른 네 가지 지구 권역들처럼⋯사실상 자율적"이라는 점이다.[10] 이처럼 피터 하프가 보기에 테크노스피어는 자율성, 행위성, 행위력을 보유하고 있다.

9　ibid., 538.

10　ibid., 538.

그렇기는 해도 테크노스피어의 일부를 특정 방식으로 재조직하거나 줄이거나 없애고, 테크노스피어를 생태적으로 안전한 방식으로 관리하는 식의 변형과 조정은 완전히 불가능한 과업은 아닐 것이다. 아니, 이 과업을 위한 기획은 이미 세계 곳곳에서 분출되고 있다. 2019년과 2020년 미국과 유럽에서 발표된 그린뉴딜과 그린딜 플랜이라는 것도 사실 이러한 기획의 한 갈래라고 봐야 한다.

하지만 그 기획이 효과적으로 실행되기 위해서는 테크노스피어를 거대화하는 과정 또는 6가지 지구한계선을 침범하는 과정에서 인간이 비인간에 대해 취해온 관점과 태도 전체의 전환이 필요하다. 비인간 존재를 인간과는 존재론적으로 격과 위상이 판이한 존재로 보는 관점과 태도의 보편화가 선행되었기에 비로소 비인간 존재를 윤리적 부담감 없이 지배하고 착취하는 행위가 가능했기 때문이다. 다시 말해 "서구 세계가 자연 세계를 윤리적 고려에서 분리하고, 그로써 생태계 파괴와 고갈을 정당화한 것은 자연 세계를 상징적 의미와 감지능력이 없는 것으로 이해하는 것…을 통해서였"[11]기 때문이다. 그러니 이 얽힌 실타래를 푸는 시작점은 비인간 존

---

11 Arianne Conty, *Grounding God: Religious Responses to the Anthropocene*, State University of New York Press, 2023, 136.

재를 새롭게 인식하고 대우하는 것이다. 달리 말하면, 테크노스피어라고 불리는, 제가 놓은 덫에 걸리고 만 오늘의 인류에게는 비인간 존재와 새롭게 관계 맺는 일이 절요하다.

2. 친족의 확장—'누구/무엇까지'라는 문제

하지만 비인간 존재란 도대체 무엇을 말하는 걸까? 새로운 관계 정립 대상인 비인간 존재에는 '누가/무엇이' 포함된다고 봐야 한단 말일까?

이 질문과 관련해 참조할 만한 한가지 담론 흐름은 '확장된 친족kin'이라는 개념을 키워드 삼는 흐름이다. 《돌봄 선언The Care Manifesto》의 저자들인 더 케어 컬렉티브The Care Collective는 '난잡한 돌봄promiscuous care'을 제안하며, 돌봄 대상을 혈족에서 비혈족 집단으로 실험적으로 넓히자고 제안한다. 이들에 따르면, 난잡한 돌봄은 "인간, 비인간을 막론하고 모든 생명체 간에 이루어지는 모든 형태의 돌봄"[12]이다. 달리 말해, 이것은 돌봄 대상을 친밀감을 기준으로 '가까운 곳'에서

---

12   더 케어 컬렉티브, 정소영 옮김, 《돌봄 선언》, 니케북스, 2021, 79.

'먼 곳'까지 확장하는 식의 돌봄 원칙에 기초한다.[13] 당연히 이런 식의 돌봄 대상 확대란 친족의 확대를 함축한다.

제러미 리프킨Jeremy Rifkin도 E. O. 윌슨Wilson이 이야기한 생명애(바이오필리아, biophilia)[14]를 재호출하면서 기후 적응과 회복력이 긴요한 작금의 시점에 '생명애 의식'이 요청된다고 주장한다. 생명애 의식이란 지구상의 생물 전체를 확장된 친족으로 본다는 것, 그리고 인간의 안녕이 비인간 생물과 맺는 관계에 의해 좌우된다는 사실을 이해하는 것을 뜻한다.[15] 간단히 말해, 리프킨이 말하는 생명애 의식은 지구의 모든 생물을 친족으로 여기는 생각, 즉 '생물 친족 의식'이다.

리프킨이 보기에 생명애 의식은 필수 사항이지 권장 사항이 아니다. 만일 "생명애 의식이 없다면 기후변화가 지구상에서 출구도 없는 마지막 전장으로 그들과 우리 모두를 몰아넣을 것이 분명"[16]하기 때문이다. 기후위기 극복을 위해서

13　더 케어 컬렉티브, 같은 책, 81.

14　생명애는 biophilia를 번역한 말인데, 적절한 번역어인지는 의심스럽다. bio가 생물학적 의미의 life, 즉 생물을 뜻하는 데 반해, 한국어 '생명'은 생물에 국한되지 않는 더 큰 범주의 존재와 그 힘을 함의하기 때문이다. 하지만 이미 출간된 책의 내용을 인용하는 만큼 그 책에 나오는 '생명애'라는 용어를 그대로 쓰겠다.

15　제러미 리프킨, 안진환 옮김,《회복력 시대》, 민음사, 2022, 330:338.

16　제러미 리프킨, 같은 책, 330.

는 생명애 의식을 갖추는 것, 비인간 생물들과 사실상의 친족 관계를 맺는 것이 필수라는 호소인 셈이다.

도나 해러웨이Donna Haraway 또한 위기 시대에 요청되는 새로운 인간의 과제로 친족 만들기를 제시한다. 해러웨이가 보기에 지구에 사는 모든 것들은 이미 일종의 친족들이다. 모든 크리터critter들은 계보상으로 공통의 '육신'을 보유하고 있다.[17] 여기서 해러웨이가 말하는 '크리터'는 "미생물, 식물, 동물, 인간과 비인간, 그리고 때로는 기계까지 포함해 잡다한 것들"을 지칭한다는 점[18]을 우선 확인하자. 해러웨이에 따르면 "친족 만들기는 사람들persons 만들기인데, 대상이 반드시 개체이거나 인간인 것은 아니다."[19] 즉, 해러웨이는 혈통 본위로 짜이는 친족이 아니라("가장 다정한 것들이 반드시 핏줄로 엮인 친족은 아니었다."[20]) 크리터 전체, 즉 인간과 비인간

---

17 도나 해러웨이, 최유미 옮김, 《트러블과 함께하기》, 마농지, 2021, 178. 이 책에서는 kin을 '친척'이라고 표기하고 있으나, 이 글에서는 '친족'으로 통일해서 쓴다.

18 도나 해러웨이, 같은 책, 233.

19 도나 해러웨이, 같은 책, 177. person은 '사람'이라 번역해도 되지만 '인격체' 정도로 번역하는 것이 맞다. 왜냐하면 서구 법 전통에서 'person'은 특정한 역량을 보유한 것으로 간주되는 인간을 의미하기 때문이다. '사람'은 그러한 의미의 인간을 의미하는 개념이기는 하다. 하지만 동시에 인간 일반을 통칭하기도 말기도 하다.

20 도나 해러웨이, 같은 책, 178.

존재 전체를 '친족'의 대상으로 삼는다는 원칙으로 각자 새로운 친족을 구성하자고 제안하고 있는 것이다.

콘크리트는 우리의 친족인가, 아닌가?

그러나 더 케어 컬렉티브도, 제러미 리프킨도, 도나 해러웨이도 지구상의 어떤 물질/물체까지 새로운 의미의 친족으로 생각될 수 있는지 소상히 논하는 것은 아니다. 더 케어 컬렉티브와 제러미 리프킨은 분명 확장된 친족의 범주를 '(비인간) 생물'로 제한한다는 점에서, 기계 같은 인공물 역시 친족 대상으로 삼아야 한다는 해러웨이와는 결을 달리한다. 그러나 확장된 친족을 말하는 해러웨이 역시 그 친족의 범주 안에 기계만이 아니라 테크노스피어를 채우고 있는 각종 오염물질, 폐기물이나 신물질(미세플라스틱, 살충제, 핵폐기물 등)이 포함된다고 보는 것인지, 바위나 돌이나 연필이나 휴대폰도 그 범주에 포함된다고 보는 것인지는 여전히 불분명하다. 아파트 바닥과 벽을 이루고 있는 콘크리트는 우리의 친족인가, 아닌가?

토마스 베리Thomas Berry의 지구법 사유에서 우리는 지구의 어떤 물질/물체까지 중요한 윤리적 고려 대상인가라는 질문에 대한 또 다른 답을 발견한다. 토마스 베리에 따르면, (법적) 권리는 '존재하고 있음' 자체에서 나온다. 즉, 지구 공동체의 구성인자 모두every component of the Earth community가

지금 존재하고 있으므로 (법률상의) 권리를 지닌다. 그 권리는 크게 세 가지로, 존재할 권리, 어떤 장소에서 존재할 권리, 지구 공동체 재생 과정에서 제 역할을 충분히 수행할 권리를 뜻한다. 물론, 이 구성인자에는 비생물 존재(흔히 무생물, 무기체라고 표현된다)도 포함된다.[21]

여기서 중요한 점은, 권리권자로서 인간에 의해 존중되어야 하는 지구상의 물질/물체로 '지구에 존재하는 모든 구성인자'가 제시되고 있다는 사실이다. 하지만 토마스 베리는 강이나 산 같은 비인간 자연물 외에 우리의 생활세계에서 쉽게 만날 수 있는 인공물들, 예컨대 의자나 책상, 컴퓨터, 냉장고, 의복 같은 물체들은 이 구성인자의 사례로서 언급하지 않는다. 또한 발전소나 공장, 인공위성, 통신 네트워크나 송전망, 전자기파 같은 것도 일절 거론하지 않는다. 그렇다면 토마스 베리가 말한 '지구 공동체의 모든 구성인자'에는 이런 물체들이 포함된다고 봐야 할까, 아닐까? 토마스 베리가 '지구 공동체의 모든 구성인자'라고 말해두고는 강이나 산 같은 자연물에 국한해서 그 사례를 들었던 것은, 추정컨대 자연의 권리라는 가치를 중심에 두고 비인간 존재에 관한 법 윤리를

---

21 Thomas Berry, *Evening Thought*, Counterpoint, 2006, 149.

사고했기 때문이 아닐까?[22]

　　비인간 존재 전반에 대한 지배와 착취, 즉 반-돌봄 행위가 지배적 양식의 행위인 시대를 반성하며 비인간 존재를 넓은 의미의 친족으로 삼자는 제안은 반가운 제안이다. 하지만 친족의 둥지 안에 어떤 것까지 포함될 수 있는 걸까? 발전소나 인공위성, 송전망 같은 것은 개인의 생활세계를 훌쩍 뛰어넘는 공간에 있거나, 개인에게 그 영향력이 한정되기 어려운 광범위의 영향력을 보인다. 반면, 의자나 컴퓨터, 옷, 냉장고 같은 재화-상품은 개인의 생활공간에 자리를 잡고 있다. 그렇기에 전자는 개인의 돌봄 대상-친족의 영역에 자리 잡기 어렵지만, 후자는 그렇지 않다. 하지만 재화-상품에 '사용' 말고 '돌봄'이라는 가치를 적용한다는 게 정말로 말이 되는 것일까? 그런 돌봄은 말이 좋아 돌봄이지 상품 페티시즘fetishism이지 않을까?

22　'권리'를 중심에 두고 사고하지 않는 비인간 물질 윤리를 우리는 동아시아 전통 사상에서 너무도 쉽게 발견한다. 가령, 북송 철학자 소옹은 "이 세상의 物은 理 없는 것, 性 없는 것, 命 없는 것이 없다"고 했다. 《邵雍集》, 觀物內篇, 12장, 中華書局, 2010) 여기서 物은 비인간 물체 일반을 의미하며, 理는 우주의 이치를, 性은 본성을, 命은 목숨, 타고난 역할 등을 뜻한다. 세상의 만물이 우주의 이치를 머금고 있고, 자기만의 본성, 목숨, 타고난 역할 등을 보유한다고 본 것이다. 따라서 만물은 그러한 존재로서 당연히 존재할 권리를 보유한다고 생각할 수 있지만, 그러한 점은 이 논리에 따르면 너무도 당연하여 언급하는 것 자체가 무의미하다. 다시 말해, '만물이 권리를 보유함'이라는, 권리를 중심에 둔 윤리적 사고보다 더 수준 높은 윤리적 사고가 소옹의 언급에서 발견된다.

3. 비인간/인간에 대한 이해─'왜'라는 문제

제러미 리프킨이 말하는 비인간 생물 전체, 도나 해러웨이가 말하는 기계를 넘어서 재화-상품의 형태로 우리의 보금자리에 와 있는 각종 인공물까지 새로운 친족으로 여기자는 제안은 언뜻 생뚱맞게 들릴지 몰라도, 우리 시대에 긴요하다는 것이 나의 생각이다. 좀 더 일반적으로 말해, 지구 안에 존재하게 된 모든 물체는, 그것이 살아 있는 것으로 느껴지든 아니든, 자연물이든 인공물이든 충분히 존중되는 것이 바람직하다. 그리고 이 만물 존중의 윤리 감각이 오늘날처럼 절박한 시절도 일찍이 없었다.

하지만 정확히 왜 우리에게 만물 존중의 윤리 감각이 긴요할까? 도대체 왜 만물을 존중해야 한단 말인가? 왜 유기체/무기체, 자연물/인공물 구분선은 큰 의미가 없나?

여러 이유가 답변으로서 제시될 수 있을 것이다. 우선, 인공물을 포함한 비인간 물질은 우리 인류도 귀속되어 있는 지구의 질서를 (인류와 함께) 조형하는 유의미한 행위 주체이기 때문이다. 기후변화와 기후충격 역시 그 최초의 유발자는 인간이라는 유기체이지만, 석탄과 석유 같은 물질, 이산화탄소, 메테인(메탄) 같은 기체, 열을 집적하고 배출하는 바다 같은 무기체의 행위력이 아니면 그 메커니즘이 설명되지 않는다. 석유의 변형물인 미세플라스틱, 우라늄 원자가 그 기원인 핵폐기물 같은 신물질이 지구상의 생물, 특히 동물에게 끼치는 파괴적 위해력 역시 인공물 일반의 행위력을 여실히 말해준다. 이 행위력의 주체가 우리의 삶의 동반자임을 이제라도 겸허히 수긍해야 하지 않을까?

무차별적 만물 존중이 긴요한 또 하나의 이유는, 인류세의 위기 상황이 초래된 것도 잘 따져보면 물物(물질)에 대한 차별적이고 위계적인 관점이 핵심의 원인이기 때문이다. 자연 파괴적 근대 자본주의 문명의 뿌리를 추적해볼 때 우리는 인간/비인간, 문화/자연, 정신/육체, 생물/무생물(유기체/무기체), 자연물/인공물을 날카롭게 구획하는 '강철 이분법'을 발견하게 된다. 그리고 이러한 근대의 존재론 체계의 성립은 비인간 존재에게서 영혼, 정신, 사고(사유), 감지능력sentience(느끼는 능력), 경험, 활성(활력), 생기를 제거하는 과정을 대동했다.

그렇다면 지구 한계선 초과, 테크노스피어의 파괴적 위력으로 상징되는 현재의 전 지구적 위기에 대응하는 사회적 전환에 근대 존재론의 치유 또는 탈근대적 존재론의 체화가, 어떤 중요한 기초로서 요구됨은 당연하다. "자연을 거의 무릎 꿇리는 약탈자가 되었다가 이제 우리를 내쫓기 위해 포효하며 돌아온 자연에게 쫓기는 신세"[23]가 된 우리 자신을 이 위기에서 구하려면 새로운 존재론의 집으로의 이사는 불가피하다.

다행히도 어떤 사상가들의 비인간/인간 존재론은 이러한 이사를 돕고 촉구한다. 그러면서 무차별적 만물 존중 감각의 체화에 우리를 바짝 다가서게 한다.

비인간 존재론

비인간 존재에 관한 논의와 인간 존재에 관한 논의를 분리하여 하나씩 살펴보자. 먼저, 우주/지구를 구성하고 있는 구성원 전체의 존재 가치를 논한 토마스 베리의 생각부터 음미해보자. 앞서 비생물 존재를 포함해 지구의 모든 구성원은 존재할 권리를 지닌다는 베리 신부의 생각을 언급했지만, 그 주장의 논거는 무엇일까? 토마스 베리에 의하면, 비생물 존재는 생물처럼 "살아있는 영혼"을 거느리지는 않지만, 그와 동급의 가치를 지니는 것으로서 "자기만의 존재의 내적 원리" 또는 "내적 형상inner form"을 보유한다. 그리고 이 내적 형상은 힘, 지속성 같은 것을 표현한다.[24] 토마스 베리는 다른 표현을 동원하기도 하지만, 그 함의는 비슷하다. 베리에 따르

---

23   제러미 리프킨, 앞의 책, 9.

24   Thomas Berry, ibid., 40.

면, 우주 내 "모든 개체는 우주 내 다른 모든 개체들과 다를 뿐만 아니라, 자기만의 내적 결합-운동양식inner articulation과 자기만의 고유한 자발성unique spontaneities'을 보유하고 있다."[25] 이러한 생각은, 우주 내 모든 개별 물체들이 내적 원리, 내적 형상, 운동 양식을 보유한 자율적 행위-운동 주체들이라는 생각에 다름 아니다. 하지만 토마스 베리는 어떤 근거에서 이렇게 단언할 수 있었던 걸까?

토마스 베리의 물체관/개체관은 사실 스피노자의 물체관/개체관과 크게 다르지 않다. 스피노자에 따르면, 개별 실재가 제 존재를 존속하려는 노력(이것을 그는 '코나투스conatus'라고 불렀다)이야말로 실재의 본질이다.[26] 그런데 이 노력은, 토마스 베리가 말한 '내적 형상'을 가진 자가 표현하는 힘이나 지속성과 크게 다른 것은 아니다. 스피노자의 용어로 이 우주/지구 내의 모든 개물은 '독특한 실재res singularis'인데,[27] 이것의 본질은 바로 자기 존속의 노력인 코나투스이다. 스피노자가 보기에, 다수의 개체가 하나의 작용에 공동으로 협력함으로써 즉, 공동의 원인으로 작용함으로써 특정 결과

25 Thomas Berry, *The Great Work*, Crown, 2000, Kindle, Loc 163.

26 스피노자, 《윤리학》, 3부 정리 7.

27 또는 '유한 양태'라고 표현해도 된다. 그러나 '유한 양태'로서 개물들의 특성을 이해/설명하기 위해서는 '독특한 실재'라는 개념이 필요하다.

를 야기할 때, 이 다수의 개체들 각각을 '독특한 실재'라고 부를 수 있다.[28] 여기서 어떤 결과라 함은, 특정 운동효과를 뜻한다. 그러니까 다수가 함께 모여 특정 운동 효과를 낼 때, 다수 각각을 '독특한 실재'라 부를 수 있다는 것이다.

그런데 여기서 '운동'이 스피노자가 생각하는 개체의 구성에 결정적으로 중요한 요소라는 점을 이해할 필요가 있다. 스피노자가 생각하는 개체는 전부 부분들의 합성체인데, 그 부분들은 각자 고유의 운동을 하면서 그 운동을 다른 부분들에 전달하는 자들이다. 즉, 그 부분들이 "어떤 관계에 따라 자신들의 운동을 서로 전달할 때…이것들 모두가 단 하나의 물체 또는 개체를 합성하고 있다"는 것이다. 요컨대, "각 부분들이 자기의 운동을 각자 유지하고, 그 운동을 다른 부분들에게 전달한다면" 합성체로서의 개체는 "자기의 본성을 유지한다"고 볼 수 있다.[29] 스피노자가 말하는, 각 개체 안에서 진행되는 이러한 '내적 운동'은 토마스 베리가 말한 '내적 결합-운동양식inner articulation을 보다 소상히 서술한 것이라 할 수 있다.

이렇듯 스피노자는 우주 안의 모든 물체들이 '자기

---

28 스피노자, 《윤리학》, 2부 정의 7.

29 스피노자, 《윤리학》, 2부 정리 13 뒤에 나오는 자연학소론.

존속'이라는 목표를 지향하고, 그것을 위해 자율적으로 운동하며, 외부에 어떤 효과를 내는 성격을 지닌다고 본다. 당연하지만 이런 관점은 비인간 존재 전체를 행위적 역량을 보유하고 있지 않으며 오직 외부의 힘에 대해 수동적으로만 반응할 뿐인 기계로 간주하는, 데카르트 이래의 기계론적 존재론의 전통에서는 완전히 별종의 것이다. 다시 말해 데카르트 이래 비인간 존재에서 삭제된 내적 활력, 내적 역량, 자율성, 효과 생산 능력을 스피노자는 인정하고 있다.

근대의 기계론적 존재론에 대한 반성을 촉구하는 21세기의 신유물론은 스피노자주의의 한 부활 형태라고 볼 수 있다. 사실 스피노자가 말한, '공동의 원인으로 작용해서 어떤 결과를 낸다'라는 아이디어를 신유물론자들의 언어로 표현하면 '(인과적) 행위성agency을 보유한다' 정도가 될 것이다. 신유물론자들이 보기에 지구 내의 모든 비인간 개물은, 그것이 생물이든 비생물이든, 행위성/행위 능력을 보유한 자들이다.[30] 행위성/행위 능력의 보유자라는 것은 곧 그들이 (잠재적) 행위의 주체라는 것, 수행성performativity의 주체라는 것을 뜻한다.

중요한 것은, 신유물론이 살아 있는 생명체군(유기

---

30 행위한다고 말하지 않고 행위성을 보유한다고 하는 것은, 이들의 행위가 인간의 눈이나 인간이 만든 기계에 의해 파악되지 않는 경우가 많기 때문이고, 특정 시점에 가서야 드러나는 경우도 많기 때문이다.

체/활성)과 죽어 있는 사물군(비유기체/비활성)을 완전히 이질적인 둘로 나누는 구획선을 지우고자 한다는 것이다. 신유물론의 관점에서 존재하는 모든 물질은 물체body를 구성하는 물질성을 보유하지만 단순히 물질에 불과한 것은 아무것도 없다. 그 물질성은 언제나 "내재적 자기-변형 양태를 분명히 드러내는, 물질화하는 물질성"[31]이기 때문이다. 달리 말해 물질화하는 물질성은 행위하고 수행하는 물질성이다. 어떤 물질이 존재한다는 것은 행위하며 되어간다는 것과도 같다. 그것은 자기를 늘 (재)구성[32]하면서도 특정한 상황에서는 자기를 변형하며 어떤 효과를 생산하는 행위성을 보인다.

신유물론자들에 따르면, 우주 안의 모든 물체들은 (스피노자적 의미의 개체로 합성되어 있는 이상은) 내재적 잠재역량이나 생기vitality를 언제나, 이미 보유한 존재자들이다. 마누엘 데란다Manuel Deranda는 칼을 예로 들며 물체에 내재된 잠재역량을 이야기한다. 칼은 날카롭다는 속성을 지니고 있으면서도 절단한다는 인과적 능력을 지닌 물체이다. 데

---

31 Diana Coole, Samantha Frost, eds, *New Materialism: Ontology, Agency, and Politics*, Duke Univ. Press Books, 2010, 9.

32 외부의 힘과 더불어, 외부의 힘에 의존하며, 특정한 주변세계 속에서 그렇게 한다는 점에서 '자기생산적 활동autopoiesis'이 실은 '심포이에시스sympoiesis'라고 말해야 함은 물론이다.

란다는 칼이 특정한 속성을 지니고 있지만, 절단할 수 있다는 그 인과적 능력이 비밀스럽고 은폐되어 있는 것에서 알 수 있듯, 모든 물체는 이중생활을 한다고 표현한다. '물질적 체계의 이중생활'이라는 것이 있다는 것이다.[33] 이러한 인과적 능력은 그러나 특이점singularities, 문턱thresholds 같은 것에 도달하면, 세계에 드러난다.[34] 여기서 중요한 것은 이 인과적 능력을 수동적 반응 작용이 아니라 능동적 행위 능력, 선택 능력으로 해석하는 것이다.

마누엘 데란다가 물체의 잠재역량을 강조한다면 제인 베넷Jane Bennett은 그 생기에 주목한다. 베넷이 관심을 두는 것은 비유기(체)적 또는 물질적 생기inorganic or material vitality인데, 베넷이 보기에 이것은 물질에 내재하는 무언가이다. 그가 보기에, 모든 물체는 '물질의 진동material vibrancy'을 표출하고 '에너지 넘치는 생기enegetic vitality'를 발산하고 있다. 그것들은 모두 자기 방식으로 존재하고 있는데, 베넷은 이 물체들의 자기 방식의 존재함을 '바깥out-side'이라고 부른다.[35] 그러니까 우리는 '안쪽in-side'에 있기에 이 바깥을 거의

33 문규민, 《신유물론 입문》, 두 번째 테제, 2022, 127-130.

34 문규민, 같은 책, 133-135.

35 Jane Bennett, *Vibrant Matter: A Political Ecology of Things*, Duke Univ. Press Books, 2010, 49

보지 못하지만, 그렇다고 해서 이 바깥이 실재하지 않는 것은 아니다.

데란다가 칼을 예로 들 듯, 베넷도 여러 사례를 든다. 그중 하나는 금속이다. 금속은 결정체 구조물로서 그 내부의 각 결정 사이에는 구멍이 숭숭 뚫려 있는데, 바로 이 구멍 덕분에 철에 열을 가하면 강철이 된다. 그런데 베넷이 보기에는, 이 구멍, 즉 결정 사이 빈 공간에서 자유롭게 움직이는 자유 원자들의 진동이야말로 금속의 생기에 다름 아니다.[36] 베넷은 만물에 "완전히 다 발현되지 않은 고유한 경향과 성향"[37]이 있다고 보는데, 특정 금속의 생기와도 같은, 빈 공간 속 자유 원자들의 진동 역시 그처럼 가능한 것으로만 남아 있는 경향과 성향의 한 형태라 볼 수 있다. 그러나 그 진동, 그 생기는 그 힘을 발휘할 준비가 충분히 되어 있는 진동이고 생기이다.

이러한 논자들의 생각에는 비유기적 물체들을 자체의 행위 능력이 없는 세계의 비-주체, 존재 가치가 없는 무가치한 물질로 간주할 수 없다는 존재론적·윤리적 함축이 있다. 동시에, 적어도 세계를 구성하는 데 참여하고 있는 행위 주체라는 점에서는, 지구상의 모든 물체는 그것이 어떤 성격

36   Jane Bennett, ibid., 59.

37   Jane Bennett, ibid., 56.

의 물질이든 존재론적 위계구조상에서 우열의 위치를 점하는 자들일 수는 없음을 시사한다. 사실 근대의 이원론을 전복하는 신유물론의 탈-이원론은 "거의 모든 종류의 차별을 그 밑바닥부터 붕괴시킨다. 존재 자체의 우열을 성립할 수 없으며 단지 힘의 차이와 관계만이 있기 때문이다."[38]

인간 존재론

재화-상품 같은 존재까지 왜 존중해야 하는가라는 질문에 대한 두 번째 갈래의 존재론인 인간 존재론으로 넘어가보자. 인간은 어떤 존재인가에 관한 숙고의 자리에서도 스피노자의 사상이 환기되는 것이 좋을 듯하다. 스피노자가 보기에 인간은, 다른 개체와 마찬가지로, 신(자연, 우주, 실체, 무한자)의 한 자기실현방식(자기표현방식mode)일 뿐이다. 즉, 인간 각자는 신-자연-우주와 독립한 채로는 절대로 존재할 수 없는 자이다. 정반대로 말해, 인간 각자는 신-자연-우주라는 원인에 근거해서만 존립하고 있는 자, 신-자연-우주에 의존하고 있는 자이면서, 신-자연-우주의 변용(affection), 그것이 특정하게 실현되고 표현된 방식(양태)에 불과하다. 다시 말해 이런 변용이고 실현방식(양태)이라는 점에서는 유리컵과 어

38   문규민, 앞의 책, 107.

떤 고양이와 인간 우석영 간에는 아무런 차이도 없다.

토마스 네일Thomas Nail은 이러한 스피노자적 인간관을 지구라는 컨텍스트로 옮겨와 이야기한다. 네일은 《지구론 The Theory of Earth》(2021)이라는 저작에서 스피노자의 용어인 '변용affection'을 '접힘the folded'이라는 말로, 스피노자의 또 다른 용어인 '실현방식/표현방식/양태mode'를 '측면/양상aspect'이라는 단어로 대체한다. 네일이 보기에, 우리 눈에 보이는 만물은 우주를 흐르는 에너지-물질이 접힌 것들이다. 그리고 인간 역시 우주의 한 접힘인 지구라는 마당에서 창발한 한 접힘일 뿐이다. 또는 지구에서 창발한 실로 놀라운 접힘인 동물의 개성직 한 표현방식이 바로 인간이다.

네일의 논의에서 중요한 점은, 지구의 역사적 운동 과정에서 창발되어 나온 물질이 생물, 동물, 인간이라는 표현 방식이라는 점이다. 또한 그가 보기에, 모든 생물, 동물, 인간의 신체에는 지구의 역사적 운동 과정[39]이 누적되어 있다. 동물과 인간에 집중해본다면, 지구상의 모든 동물 각각은 지구

39 네일은 네 가지 운동마당(운동패턴)을 이야기한다. (명왕누대의) 미네랄(광물)적 운동마당, (시생누대의) 대기적 운동마당, (원생누대의) 식물적 운동마당, (현생누대의) 동물적 운동마당이 그것이다. 네일에 의하면, 이 운동마당들은 하나씩 펼쳐져서는 누적되고 결합되고 상호작용하며 지구를 변형시켰고 또 오늘의 지구를 이루고 있다. 그 운동마당들의 과거는 아직도 현재를 살고 있다. 현재 지구에 존재하는 물질은 전부가 이 역사과정에서 창발한 것들이다.

의 동물-되기 과정의 표현방식들이고, 모든 인간 개개인은 지구의 인간-되기 과정의 표현방식들이라는 것이다. 휴머니멀 (인간동물, humanimal) 되기로써 자기를 실현 중인 낱 가지(나뭇가지를 연상해보라.)의 지구 운동 과정이 바로 인간의 정체, 우리 자신의 본모습이라는 말이다. 지구의 모든 동물이 "지구의 측면/양상들aspects of the earth itself"이자 "지구 자체의 동물되기"이고[40], 그렇다면 인간 역시 지구의 측면/양상이자, 지구의 인간되기 그 자체라는 결론은 자연스럽게 따라나온다.

이러한 네일의 생각은, (모든 개체처럼) 인간도 우주의 한 가지 실현방식/표현방식이라는 스피노자의 생각과 조화롭되, 지구에 묶여 있고 지구적 운동 과정에서 창발되어 나온 존재라는, 인간의 지구 구속적 성격을 더 없이 적실히 강조한 생각이다. 즉 네일 식으로 생각하면, 인간은 지구 응축적인 자이면서 동시에 지구의 역사 과정을 내포하고 있는 자, 지구라는 큰 나무의 한 가지, 지구의 한 자기실현방식이라고 할 수 있다.

도나 해러웨이가 린 마굴리스Lynn Margulis에게서 차용한 '홀로바이온트holobiont' 개념은 이러한 네일의 생각과 조화로우면서도, 인간에 대한 우리의 이해를 한 걸음 더 전진

---

40 Thomas Nail, *The Theory of Earth*, Stanford University Press, 2021, 253.

하게 한다. 이 개념은 마굴리스가 자신의 1991년 저서 《진화 혁신의 한 원천인 공생Symbiosis as a source of evolutionary innovation》에서 제시한 것으로, 숙주와 그 숙주 안에 있는 미생물 공생체가 일체화되어 있는 생물 단위를 지시한다. 그러니까 숙주와 그 숙주가 거느린 미생물군은 함께 하나의 홀로바이온트를 구성한다. 다시 말해 홀로바이온트는 공생체와 함께하는 생물 또는 "공생적 집합체"를 가리킨다.[41] 인간 역시 이러한 공생적 집합체임은 물론이다.

한편 화이트헤드는 동물의 몸에 관한 이론을 전개하면서 (인간을 포함한) 동물의 몸이 비유기체적 존재와 유기체적 결합체를 포함한다고 쓰고 있다. 그가 보기에 "일종의 통합적인 살아 있는 사회"는 (여기서 통합적인 살아 있는 사회는 고래나 고양이 같은 동물을 포함한 특정 유기체들을 지칭하는 화이트헤드 특유의 언어이다.) "보조적인 비유기체적 기관을 포함할 뿐만 아니라, 적어도 각 '세포'를 위해 하나는 있는, 다수의 살아 있는 결합체nexus 역시 포함한다."[42] 여기서 중요한 것은 그가 동물의 몸에 유기체적 요소만이 아니라 비유기체적 요소가 통합되어 있음을 적실하게 지적했다는 것이다.

---

41   도나 해러웨이, 앞의 책, 109.

42   A. N. Whitehead, *Process and Reality (Corrected Edition)*, The Free Press, 1978, 103.

덧붙이자면 마굴리스, 해러웨이, 화이트헤드가 (화이트헤드의 경우 다른 용어를 동원하지만) 말하는 이 집합체는 공생이라는 작용이 발생하기 이전에 독립적으로 존재하고 있던 어떤 존재가 아니다. 정반대로 이것은 공생이라는 작용과 더불어서만 존재하게 되는 유기체이다. 또한 이것은 자기와 비슷한 다른 것들과 끊임없이 만나고 교환하고 교섭하고 서로 의존하면서 "복잡한 패턴 만들기에 다른 홀로바이온트들을 관여"시키는 존재자로서, 따라서 통상적 의미의 "개체도 아니다."[43] 그러니까 통상적 의미의 개체 같은 건 없다. 함께 만들어냄의 부단한 과정들이, 그 과정들의 부단한 교차와 뒤섞임들이 있을 뿐이다.

하지만 홀로바이온트들의 공생 관계는 이것이 다가 아니다. 인간을 포함해서 홀로바이온트들은 서로가 공생적 관계를 맺고 살아가지만, '우리 온생명'(지구상의 생물의 생존을 가능하게 하며, 자기 밖의 무언가를 필요로 하지 않는 자족적인 생명 단위이자 정합적 생명의 체계로서 태양-지구계 위에 형성되어 있다.)[44]이라 부를 수 있는 공생적 실재와 모종의 관계를 맺은 채로만 자기를 구성하고 실현한다. 지구상의 개별 생

43   도나 해러웨이, 앞의 책, 108-109.

44   장회익, 《삶과 온생명》, 솔, 1998, 274; 장회익, 《장회익의 자연철학 강의》, 추수밭, 2019, 375.

물은 자기를 제외한 우리 온생명의 나머지 부분에 의존한 채로만 존재한다.[45] 더 구체적으로는, 개별 생물은 자기 밖의 다른 생물, 생물종, 그리고 그것들 사이의 생태계 조직들에 결정적으로 의존하면서만 존재한다.[46] 이것은 곧 자기 아닌 다른 생물 요소, 생명 요소들의 돌봄 속에서만 개별 생물이 제 생존을 이어가고 있음을 뜻한다. 인간 역시 이러한 돌봄의 관계망 안에서만 살아가고 있다.

캐리 울프Cary Wolfe가 언급하는 '보철적 생물prosthetic creature'이라는 개념은 또 다른 시각에서 인간의 비인간 의존성을 말해준다. 캐리 울프에 따르면, 인간은 "다양한 형태의 기술성과 물질성과 함께 공진화해온 보철적 생물"이다.[47] 여기서 '보철'은 인간이 생존과 번영을 위해 의존해온 비인간 사물들이다. 앞서 언급한 기체, 물 같은 비생물 자연물 역시 광의의 '보철'에 포함될 수 있겠으나, 현대인의 일상생활에서 중요한 역할을 하는 여러 사물, 이를테면 안경, 시계, 수술 등을 통해 체내에 결합된 합성물이나 금속, 스마트폰, 이어폰, 신발, 아이젠, 스틱, 의복, 링거(수액공급장치) 같은 것 역시

---

45 장회익, 《삶과 온생명》, 274-275.

46 장회익, 《생명을 어떻게 이해할까?》, 한울아카데미, 2014, 258.

47 Cary Wolf, *What is Posthumanism?*, Univ. Of Minnesota Press, 2009, Kindle, Loc 425.

보철로 간주될 수 있을 것이다.

그러나 신체와의 근접거리를 조금만 더 넓히서 살펴보면, 우리는 바로 그곳에서 또 다른 보철들을 만나게 된다. 예컨대, 부엌에서 쉽게 만날 수 있는 냉장고나 오븐, 스토브, 냄비, 그릇, 식탁, 가스관, 수도꼭지는 내가 보기엔 '약간 더 멀리 떨어져 있는 보철'일 뿐이다. '문명적 보철'이라 부를 수 있을 이러한 물체들에 의존하지 않은 채 요리해서 양분을 자급할 수 있는 도시인이 있을 수 없다는 점에서 이 물체들에 인간이 의존한다는 점은 너무도 자명하다. 그러나 단순히 그것들에 의존한다기보다는 그것들의 물질적 생기와 행위력에 의존한다고 봐야 한다.

요컨대 인간이 무엇이냐는 질문에 답할 때, 우리는 그 지구 구속적/융합적/의존적 정체성과 더불어 비인간 내착성(내부에 착근되어 있는 성질), 비인간과의 공생성, 비인간 의존성을 반드시 언급해야만 한다.

4. 상품 친교와 상품 돌봄
—새로운 욕망의 분화구

이처럼 비인간과 인간에 관한 탈근대적 존재론은, 우리가 우리의 복리를 위해 우리의 일상생활공간에 배치하는 각종 재화-상품들에 관한 새로운 시각을 열어준다.

그러나 설혹 이러한 존재론들에 기대지 않는다 해도, 오늘날 우리가 각자의 가정에 배치하는 온갖 재화들, 주로는 상품으로 유통되는 그 물체들과 이제까지와는 색다른 관계를 맺어야 하는 또 하나의 중요한 이유가 있다. 그것은 한마디로 말해 과소비/소비주의, 나아가 과생산이 문제인 시대에 우리가 살고 있기 때문이다. "성장신화의 주술과 그것에 사로잡힌 대량소비"가 "기후위기의 파국적 결말을 재촉하고 있"[48]는 시대인 것이다.

그러나 대량소비, 과소비, 소비주의가 문제라는 지적은 소유물에 대한 개인의 탐욕이나 '존재가 아니라 소유'를 삶의 원칙으로 삼는 삶을 도덕적 시각에서 질타하고자 함이 아니다. 그보다 과소비/소비주의는 현행 과생산 경제 시스템을 구성하고 지탱하는 중요한 인자, 시스템 전환의 중요한 걸림돌로서 보다 냉정히 숙고되어야 한다. 과소비는 과유통, 과생산, 과폐기라는 작금의 기후재앙적 시스템/운동의 주춧돌이기에 시대악이다. "너무 많은 이들이 너무 많이 사용하고 있다. 너무 많이 폐기하고 있고, 너무 많이 소유하고 있다. 그

---

48 수경, 「욕망을 줄여야 합니다」, 불교평론, 2024, 97: 16.

리고 너무 적게 돌보고 있다."[49] 여기서 너무 많이 사용, 폐기, 소유하는 물질은 당연히 주로는 상품인데, 이 같은 사태가 넌지시 지시하는 것은 너무 많은 생산, 즉 과생산이다.

그러나 엄밀히 말해 현재의 상품 생산이 과생산인 것은, 지구가 한정적인 권역인 반면 자본주의는 무한한 이윤 증식을 추구하는 시스템이기 때문이다.[50] 허먼 데일리Herman Daly는 현재의 세상을 '꽉 찬 세상'으로 표현했는데, 이것은 한정된 지구에 비해 인간경제의 규모와 물질 처리량의 규모가 과도하게 증대했음을 의미한다.[51] 그런데 여기서 문제가 되는 '물질의 처리'라는 행위의 중심이 상품 생산-유통-소비임을 잊어서는 안 된다.

과연 얼마나 과생산일까? 한 예로 패션 산업을 들여다보면, 전 세계 연간 신(의류)제품 생산량은 약 1천억 벌에 달한다. 하지만 이 가운데 완전히 리사이클링되는 것은 고작 1%뿐이다.[52] 즉, 990억 벌이 폐기되고 있는 것이다. 세계 인

49 Greta Thunberg et al., *The Climate Book*, Allen Lane, 2022, 282.

50 사이토 고헤이 지음, 김영현 옮김, 《지속 불가능 자본주의》, 다다서재, 2021, 36.

51 허먼 데일리의 2014년 푸른 지구상 수상 연설에 나오는 언급이기도 하다. 여기서는 김병권, 《기후를 위한 경제학》, 착한책가게, 2023, 140-141을 참고했다.

52 Greta Thunberg et al., ibid., 283.

구를 80억으로 어림잡을 때, 1인당 12벌 이상을 폐기하는 꼴이다. 연간 1천억 벌에 상당하는 의류 생산, 유통, 폐기 과정에서 발생할 막대한 양의 기체오염물질, 그리고 이 패션 산업 시스템을 떠받치는 기둥인 의류 소비문화를 생각해볼 때 "소비주의가 지구를 위해하고 있다"[53]는 판단은 결코 과한 것은 아닐 것이다.

과연 우리에게 출구가 있을까? 출구는 생산해야 번성할 수 있는 자인 기업에서 도출되지는 않을 것이다. 출구가 있다면, 그것은 소비자-시민들의 다른 행동일 것이다. 달리 말해 소비주의로부터의 질서 있는 퇴각 또는 탈소비주의야말로 하나의 해법일지 모른다. 만일 이것이 광범위하게 실천될 수 있다면, 비인간에 대한 무제한적, 무규율적 약탈을 기본 행동규범으로 삼고 있는 기업들의 권력의 해체도 어쩌면 가능해질 것이다. 사실상 현재의 "기업 권력은 소비주의에 대한 우리의 지속적 충성에 의존"[54]하고 있기 때문이다.

탈소비주의를 주류 문화로 만들어내려면

하지만 탈소비주의란 요청되는 것이긴 하되, 대중적

53 Greta Thunberg et al., ibid.

54 Kate Soper, *Post-Growth Living: For an Alternative Hedonism*, Verso, 2023, 50.

으로 실천하기 지난한 과제이기도 하다. 어떻게 하면 탈소비주의적 실천이 주류 문화가 될 수 있을까? 한가지 확인해야 할 점은, 신상품 소비의 매혹에서 벗어나서 사는 새로운 삶이 인간의 새로운 욕망[열망]desire의 분화구가 되지 못한다면, 인류는 그 길로 절대 들어서지 않을 것이라는 점이다. 즉, 이 과업의 수행에는 윤리 이상의 것, 인간을 새롭게 매혹하고 인간의 욕망을 새롭게 충족하는 기제가 요구된다. 그것은 인간 행동 동기의 기본값이 욕망이기 때문이기도 하지만, 21세기의 소비의 많은 부분은 기본적 필요의 충족을 위해서라기보다는 (과다 자극된) 욕망을 만족시키기에 발생되고 있기 때문이다.[55]

새로운 욕망원의 창조를 고민하는 우리에게 바르바라 무라카Barbara Muraca의 '자본주의 무효화하기Undoing Capitalism'[56]는 하나의 영감원이다. 그가 말하는 '자본주의 무효화하기'의 한 사례는 토지 사용, 교육 같은 기본제도들을 무료로 제공하는 것이다.[57] 즉, 소비[구매]라는 형식으로 중요한 기본

---

55 Kate Soper, ibid., 57.

56 Undoing은 단순히 '하지 않기'가 아니라 이제까지 행해진 것을 원상태로 되돌리기, 행하려는 것을 적극적으로 취소하고 안 하기를 뜻한다. 그런 점에서 爲(행위/행위 시도)를 적극적으로 없애는 행동, 즉 無爲라는 말과 유사하다.

57 조한진희 · 다른몸들 기획, 《돌봄이 돌보는 세계》, 동아시아, 2022, 278-279.

서비스를 향유하지 않도록 대안적인 사회적 경로를 창조해내는 것이다.

그러나 소비 행위를 우회하거나 저감하는 방식의, 상품과 새로운 관계 맺기 실천도 자본주의를 무효화하면서 동시에 새로운 인간의 열망에 불을 지피는 한가지 중요한 (그러면서도 너무도 손쉬운!) 실천으로서 고려해봄 직하다. 케이트 소퍼Kate Soper는 '대안적 쾌락주의alternative hedonism'가 현재의 주류 경제 모델인 시장 공급 모델을 "우회하는 다양한 기획들을 감싸안는 상상적 표지가 될 수 있다"고 제안한다. 그리고 그 우회로로서 "공유, 리사이클링, 상품[재화]과 서비스와 진문시식의 교환이 이루어지는 대안적 네트워크를 통한 공급"을 거론한다.[58]

그러나 소퍼는 무엇의 공유와 리사이클링을 이야기하는 것일까? 당연히 그것은 상품[재화]의 공유와 리사이클링이다. 자본주의 무효화하기의 한가지 실천, 그러나 새로운 욕망의 불쏘시개로서 상품의 공유, 리사이클링, 교환이라는 실천은 유효한 대안이다.

하지만 이러한 실천을 우리는 특정한 상품이 아니라 우리의 삶에 요구되어 우리의 생활공간에 배치되는 모든 비

58   Kate Soper, ibid., 53.

인간 물체에 대한 실천, 즉 그들과 완전히 새로운 관계를 맺는 실천으로도 간주할 수 있다. 그리고 이렇게 이 실천의 의미를 확대하면 특정 상품의 공유, 리사이클링, 교환 행위만이 아니라 '상품 돌봄 행위' 역시 하나의 실효성 있는 실천의 반열에 오를 수 있게 된다.

상품 친교와 상품 돌봄—의복의 사례

의복을 하나의 사례로 거론해보고 싶다. 이 경우, 다음과 같은 실천들을 자본주의를 무효화하고, 비인간과 새로운 관계를 맺으며, 동시에 새로운 욕망을 충족하는 실천으로서 그려볼 만하다.

(1) 중고 의복을 업사이클링해서 새 제품으로 제작해서 쓰기 (그 기술을 보유하고 있지 못하다면, 그 기술을 보유한 단체/업체에게 업사이클링을 의뢰하기)

(2) 중고 의복들을 커뮤니티 공간에서 교환해서 입거나 타인에게 증여(선물)하기

(3) 의복 구매 시 중고/업사이클링 의복 위주로 구매하기

(4) 옷장의 의복들과 최대한 오래 지내기(그 의복들을 돌봐주기, 그 의복들과 오래 사귀기)

(5) 의복 구매 시, 디자인이나 질감 같은 만족 요소 외에

지구친화성/생명친화성(짧은 유통거리, 동물의 고
통과 무관한 것 등)과 지속성(얼마나 오래 가는지)
같은 새로운 만족 요소도 함께 고려하기

이 가운데 (1)과 (2)와 (3)의 실천은 창조(창작), 증여
(선물하기), 공유, (심미안 발휘를 통한) 발견이라는 가치와 관
계되는 것으로서 우리를 새롭게 매혹하는 경험이 될 만하다.
이런 실천으로써 우리는 누군가 이미 디자인한 것을 그대로
수용하기만 하는 수동적 주체의 지위, 사적 소유욕 충족을 통
해서 자존감을 확인하는 '작은 자기에 갇힌' 자의 지위에서 해
방되어 섬유라는 지구의 물질을 이해해가고 새롭게 창작하는
자, 그 물질과 사귀는 자, 증여하고 공유하며 자기 지평을 타
자와 공동체의 지평으로 확대하는 자, 숨어 있던 어떤 물질의
가치를 새롭게 발견해내는 심미적 안목의 소유자로 거듭날
수 있다. 즉, '옷'이라는 상품을 매개로 하되, 자본주의를 무효
화하는 방식으로, 전에 얻지 못했던 쾌락적 충일감(만족감)을
경험하는 일이 가능하다.

(4)의 돌봄 실천은 (1)과 (2)와 (3)에 비해 상대적으
로 덜 쾌락적이거나, 생각하기에 따라서는 반反-쾌락적으로
보이기도 한다. 일반적으로 헌것이 아닌 새것과 만날 때 인간
의 뇌는 도파민을 방출하고 그와 동시에 우리는 쾌락을 느끼
기 때문이다. 하지만 옷을 하나의 죽은 사물로 바라보지 않

고, 우리 자신과 전혀 다를 바 없이 취약한 자로(칼 같은 날카로운 물체에 의해 손상되기 쉬운 자로), 자기조직적이며 코나투스(자기 존속 노력)를 드러내는 물질로, 잠재능력과 생기와 행위성과 수행성을 보이는 주체적인 물질로, 지금 우리 자신과 동시간대에 놓인 채로 자기를 존속하기 위해 애쓰는 지구의 물질적 동료로, 나아가 그것을 구해서 입고 있는 우리 자신과 소중한 인연을 맺은 자로, 즉 우정이라는 감정이 소용이 있는 귀한 친구 같은 존재로 여긴다면 사태는 돌변한다. 아니, 그렇게 여길 필요가 있는 것이 아니라, 실제로 내 몸에 딱 맞아서 더위나 추위로부터 나를 보호해주고, 동료들 사이에서 내 스타일/존재감을 살려주며, 내 심미적 감각에 흡족하고, 특정 계절이 오면 어김없이 반복해서 찾아 입게 되는 옷장 안의 그 물체들은 비록 인체의 그것과는 다른 원리에 따라 구성되어 있는 자이긴 해도 살가운 친구나 가족과 다를 바가 없는 존재가 아니던가! 아니, 그 어떤 베스트 프렌드도, 엄마나 아빠, 아내나 남편이나 애인도 해주지 못하는 어떤 고마운 일을 반복해서 어김없이 나에게 해주고 있지 않던가! 옷이야말로 언제나 나를 돌봐준 물질이 아니던가! 우리가 만일 이렇게 생각할 수 있다면, 옷과 친교하고 옷을 돌봐준다는 말은 결코 허황되고 괴상한 말이 아닐 것이다. 그리고 당연한 말이지만, 친교 맺고 돌보는 것이 좋을 물체, 지구의 동료 물질로 간주될 수 있는 상품은 결코 의류 상품에 한정될 수는 없다.

그뿐만이 아니다. 만일 어떤 의류 상품을 친구처럼 생각할 수 있다면 새로운 의류 상품을 구매할 때조차도 우리는 '어떤 친구와 사귈 것인가'라는 관점에서 구매 선택을 하는 길로 인도되기 쉽다. 그렇다면 그때 우리는 예컨대 어떤 동물의 고통을 대가로 생산된 상품이나, 오래 사귀지 못하고 금방 헤어지게 될 상품은 매우 자연스럽게 꺼리게 되지 않을까? 즉, 앞서 말한 (5)의 실천 역시 만일 우리가 상품-지구 물질 동료와 사귀기라는 태도를 채택·체화하기만 하면, 어떤 윤리적 결단이 요구되는 (마음 무거운) 실천이 아니라 너무도 자연스럽고 당연한 (마음 가벼운) 실천으로 급변한다. 도덕심의 발현이 아니라 욕망의 발현으로 (5)를 실천할 수 있다는 말이다.

이미 충분하다는 감정

기후위기와 관련해서 중요한 점은, 이러한 상품 재인식, 상품 존중, 상품 친교/돌봄 실천이 '이미 충분하다'는 자족감을 소생시킬 수 있다는 점이다. 만일 이런 자족감이 대중화될 경우 그 사태는 소비-수요의 저감을, 소비-수요의 저감은 생산의 저감을, 생산의 저감은 탄소배출의 저감을 야기할 수 있다. 경제의 전체적인 슬로우 다운slow down을 통한 기후위기 대응이, 자족감으로 이어지는 상품 재인식, 상품 존중, 상품 친교/돌봄 실천으로 촉발 가능하다는 것이 나의 생각이다. 이와 관련하여 오스트리아 제로 웨이스트 운동가인 산드라 크라우트바슐Sandra Krautwaschl의 고백은 큰 울림을 준다. 그는 이렇게 말하고 있다.

> 내가 나 자신의 어린 시절을 비롯해 내 아이들을 통해 배운 것은 음식과 옷, 집, 가구, 기기들에 대한 존중이었다. (…) 이런 존중은 내가 무언가에 대해 '충분하다'고 느끼거나, 무엇이 너무 많은 것 같다고 판단하는 데 큰 도움이 되어 주었다. 충분하다는 감정에 이어지는 가벼움은 정말 형언할 수 없이 좋다.[59]

하지만 왜 집과 집 안의 여러 인공물을 존중하는 마음이 '충분하다'는 자족감으로 이어진 걸까? 어떤 물질을 존중하게 될 때 우리는 그걸 진심으로 소중히 여기게 되고, 그때 우리는 그 물질이 자기를 (좀 더 적극적으로 말해, 제 안녕) 유지하도록 돌봐주는 손길을 우리 자신도 모르게 내밀게 된다. 그리고 이런 손길 내밈에 밑깔린 감정을 부르는 말로 가장 적합한 말은 다름 아닌 우정이다. 우정은 우리에게 깊은 만족감을 준다. 어떤 대상에 우정을 느끼는 이는, 그 대상을 다른 것으로 함부로 대체하지 않는 것은 물론이고 그렇게 하라는 권유나 유

---

59 산드라 크라우트바슐, 박종대 옮김, 《폐기물 거절하기》, 양철북, 2020, 8.

혹을 쉽게 물리친다. 만일 그 우정의 대상이 상품일 경우, 우리는 그것을 다른 것으로 대체하는 추가적인 소비 활동에 신중해질 수밖에는 없고, 현재 보유하고 있는 것으로 충분하다는 느낌에 젖기 쉬워진다. 그렇다면 상품 형태로 우리의 생활세계에 와 있는 물체들의 존재 가치를 알아차리고, 그들을 돌보고 그들과 사귀는 즐거움, 그렇게 얻게 되는 충분하다는 감정 또는 자족감이라는 쾌락이야말로 탈소비주의적 삶으로 인류를 이동시킬 한가지 결정적인, 새로운 욕망의 분화구가 아닐까?

업사이클링 공예의 가치와 대중화 방법

마지막으로, 상품과 관련하여 탈소비주의적 경로이면서도 새로운 욕망 충족 기제 가운데 가장 강력한 기제일 것으로 생각되는 업사이클링 공예의 가치와 대중화 방법을 생각해보려 한다. 모두 잘 알다시피, 업사이클링이란 폐물이 된 어떤 물건의 가치를 현 상태보다 높이는 방식의 리사이클링을 뜻한다. 그런데 업사이클링 가운데에는 (의류를 예로 들 경우) 어떤 낡은 의류를 해체하고 새롭게 재봉하거나 뜨개질로 수선하는 방식의 '업사이클링 공예'도 있다. 당연히 이런 방식의 사물 변신 과정에 참여하는 이는 창의성을 분출할 기회를 얻게 된다. 새로운 디자인 감각, 심미적 감각, 물질적 상상력과 창의력이 이 과정에 요구되기 때문이다. 이처럼 업사이클링 공예는 테크노스피어 확대에 제동을 거는 돌봄(상품 돌봄, 인간 돌봄, 자연 돌봄) 실천이면서도 동시에 미적 창작을 지향하는 인간의 강렬한 욕망을 만족시키는 묘한 활동이다. 인간의 새로운 욕망이 분출될 수 있는 하나의 통로임을 넘어서 비인간/지구와 늘 얽혀 있는 자기 자신을 인식한 인간을 지적·심미적으로 매혹할 통로가 바로 업사이클링 공예이다. 만일 업사이클링 공예가 새로운 욕망 충족의 통로로서 대중화되어 일종의 사회 풍속이 된다면, 그 풍속은 지구를 식히고 새로운 문명을 여는 하나의 유력한 경로로서 기능하게 될 것이다.

그렇다면 지금처럼 업사이클링 기술은 특정 사기업이 이익을 추구하기 위해 보유하는 기술자본에 머물러서는 안 될 뿐만 아니라, 지자체의 어설픈 자원순환 지원 사업의 일환으로 여겨져서도 안 된다. 또한 업사이클링 경험은 백화점 등에서 판매되는 경험-상품이 되어서도 안 된다. (업사이클링 제품이 반녹색 기업의 그린워싱 도구가 되어서는 안 된다는 점은 말할 것도 없다.) 오히려 업사이클링 기술과 경험은 (지구와 자신을 돌봐야 하는 처지의) 기후 시민들을 위한 새로운 커먼즈로서 인식되고 널리 공유되어야 마땅하다.

여기서 나는 이와 관련해 현 한국 상황에서 요구되는 두 가지 단계별 실천을 제안하고자 한다. 우선, 기후행동을 공동으로 실천하는 친구 또는 마을 단위의 공동체로서 모종의 '기후조합'이라는 것을 가정해보자. 이 조합의 조합원들이 자조금을 모아 주말 업사이클링 작업장을 임대하고 기술진을 초청해서 자기 교육을 진행하는 방안을 생각해볼 수 있다. 고가의, 일반인이 사용하기 어려운 기계에 의존해야 업사이클링이 가능한 금속, 유리, 플라스틱 같은 물질에 비해, 섬유류나 목재류의 경우 이러한 조합이 운영할 주말 작업장에서도 얼마든지 업사이클링 실천이 가능하다. 두 번째 단계는 업사이클링 대상 물질을 금속, 유리, 플라스틱 등으로 전면화하는 단계이다. 동 단위의 업사이클링 센터를 지자체의 재원으로 건립하고 운영하는 단계가 바로 이것이 될 것이다.

5. 결론—돌봄 × 창작의 땅으로

잘 생각해보면, 오늘날 인류는 대자연을 구성하고 있거나 대자연에서 추출된 후 가공되어 변형된 비인간 존재를 소중한 친구나 가족 같은 존재로 여기고 대하지 못한 결과, 즉 그들의 생명력을 빼앗고 이용하기만 하는 반-돌봄 행위를 지속해서 반복한 결과, 우리 자신과 친구, 가족, 후손을 잘 돌보기 어려운 시대에 처해 있다. 하지만 전 인류사를 돌아보면, 인류가 늘 이런 운명이었던 것은 아니다. 비인간/인간 존재에 대한 이분법적 근대 사상이 18세기 후반기 이래 제국주의적 자본주의 형태와 행복하게 결합하면서 비인간 존재에 대한 반-돌봄 행위가 전면화되었고, 특히 20세기 중반 이후 인구 급증과 더불어 소비주의와 기술만능주의가 세계화되면서 그 행위의 해악이 막대해졌다. 9개 요소 중 6개의 지구 한계선이 초과되었다는 연구 결과 그리고 테크노스피어의 위력에 관한 담론들은 이러한 해악이 어느 정도인지를 극명하게 보여준다. 이러한 전 지구적 위기 상황이 초래된 원인을 뭐라고 할 수 있을까? 생물다양성과학기구와 기후변화에 관한 정부간 협의체 같은 국제기구들은 생물다양성 위기와 기후위기 원인으로 화석연료 연소로 인한 온실기체 배출, 토지 이용 변화에 따른 서식지 변경과 훼손, 환경오염, 산업형 농축산업 등을 꼽지만, 그 심층에는 과잉생산-과잉소비를 계속해서 촉진하는 경제 시스템과 소비주의 문화가, 그리고 그것의 심층에는 비인간과 인간에 대한 오해, 무지, 억견이라는 견고한 파운데이션이 있다.

그렇다면 우리에게 열린 희망의 출구는 비인간과 인간을 새롭게 이해하는 길, 이 이해를 토대로 비인간 존재들과 새로운 관계를, 바람직하게는 모종의 친족 관계를 정립하는 길일 것이다.

비생물(무생물) 자연에 대한 토마스 베리의 이해는 스피노자의 사물론과 조화로운데, 두 사상가 모두 자연물을 자기 존속이라는 이익을 위해 내적으로 운동하는 운동주체라고 본다. 스피노자가 말한 독특한 실재들, 즉 '공동의 원인으로 작용해서 어떤 하나의 결과를 내는' 개물이라는 아이디어는 21세기 신유물론자들이 말하는 '모든 물질은 행위성을 지닌 잠재적 주체'라는 생각과 조화롭다. 마누엘 데란다, 제인 베넷 같은 신유물론자들은 지구의 모든 물체가 잠재적 행위주체이며 특정 여건이 무르익으면 자기 변신 같은 행위성을 드러내는 능력자-주체들이라고 단언한다. 스피노자는 인간이 우주에 의존하고 있고 우주에 근거한 자로서 독립적인 실체가 전혀 아니라고 보는데, 토마스 네일은 같은 생각을 지구라는 컨텍스트에 적용시켜 인간을 지구 함축적인 자, 지구와 분리되지 않는 자, 지구의 한 자기되기 실천이라고 말한다. 그뿐 아니라 인간은 지구 전체를 구성하는 다른 홀로바이온트들과의 공생을 통해서만 살아갈 수 있는 공생적 생물체, 즉 홀로바이온트이기도 하며, 우리 온생명 내 자기 아닌 생명 요소 그리고 '보철'로 분류될 수 있는 숱한 비인간 물체들에 의존하면서만 생존을 유지하고 있는 생물, 지구 의존적이고 비인간 의존적인 생물이기도 하다.

이러한 비인간/인간 이해에는 비인간을 함부로 대할 수 없다는 윤리적 함축이 있다. 그러나 그 비인간 중에서도 재화-상품은 기후위기의 시대에 특히 함부로 대해서는 안 되는 물질로서 충분히 숙고되어야 한다. 상품 과소비/소비주의가 기후위기를 야기하는 과생산 체제에서 핵심 기제로 작동하고 있기 때문이다. 만일 상품을 지구의 동료 물질로, 구매자와 귀한 인연을 맺게 되는 귀한 친구로 인식할 수 있다면,

우리는 친교와 돌봄을, 상품을 구매하고 처리하는 새로운 행동 원칙이자 방식으로 채택할 수 있다. 그리고 이러한 새로운 행동의 물결이 일종의 사회 풍속이 된다면, 그것은 매우 자연스럽게 소비 저감과 생산 저감으로 이어져 탄소배출 저감의 시대로 우리를 이끌 수 있다. 사실 이것은 오늘의 괴물화된 테크노스피어를 안에서부터 조정해나가는 거대한 실천의 한 갈래이기도 하다.

그러나 이런 식의 탈소비주의적 전환이 '자연스러우려면' 반드시 우리에게 새로운 쾌락을 제공하는 방식의 전환이어야 한다. 이제껏 소비 행위와 딱 붙어 있던 쾌락을 창작, 증여, 돌봄, 친교, 심미안 발휘의 즐거움을 자극하는 식의 새로운 행위로 옮겨올 수 있다면, 우리는 소비와 '흔쾌히' 멀어질 수 있다. 바로 그런 새로운 즐거움을 자극하는 사물 돌봄 가운데에서도 공예 기술을 요하는 사물 업사이클링은 주목할 만하다. 이 행위야말로 인간의 돌봄 욕망과 창작 욕망을 동시에 충족시키기 때문이다. 그러니 사물 업사이클링 공예는 지금처럼 사기업의 기술자본이나 경험-상품에 머물러서는 안 된다. 사물 업사이클링 공예 경험과 기술의 커먼즈화가 요청되며, 어쩌면 이것이 탈소비주의적 생태전환에 결정적인 촉매제가 될지도 모른다.

돌봄과 탈성장

땅과 공통하며

미래로 돌아가기

한신대 생태문명원

권범철

기후위기는 임박한 미래가 아니라 펼쳐지고 있는 현재이다. 그 위기는 무엇보다 지구의 자연을 자원의 저장고이자 폐기물 처리장으로 간주해왔고 성장의 한계를 가정하지 않는 자본주의적 성장의 산물이다.[1] 따라서 우리에게 필요한 건 무한한 확대재생산을 추구하는 자본주의의 기차를 세우고 다르게 살 수 있는 길을 찾아보는 것이다. 이 글에서 탈성장이라는 용어는 그렇게 다르게 사는 방법을 뜻한다. 즉, 탈성장은 지금과 같은 파괴적인 성장에서 벗어날 뿐만 아니라 새로운 삶의 방식을 만들어내는 일과 관련이 있다. 이 글은 우선 탈성장과 그것을 위한 방편으로서 돌봄 관계를 살피고 그 관계의 확장으로서 땅과 공통하기[2]라는 실천의 의미와 방법에 대해 생각해본다.

[1] 자본주의는 (비)인간 자연의 파괴(인클로저, 추출 등)에 기초하여 생산하고 그 결과 다시 (비)인간 자연을 파괴(각종 오염물질 배출, 노동 착취 등)하는 시스템이다. 네그리와 하트는 이렇게 쓴다. "[자본의 추출주의는 오늘날 어떤 점에서는 이 파괴 과정을 돌이킬 수 없는 지점으로 몰고 가고 있다. 자본 대 지구, 둘 중 하나만 생존할 수 있다. 둘 다 생존하지는 못한다."(안토니오 네그리 · 마이클 하트, 이승준 · 정유진 옮김, 《어셈블리》, 2020, 알렙, 292.).

[2] 이 글은 현재 국어사전에서 찾을 수 없는 '공통하다'라는 동사를 사용한다. 이 단어는 특정한 재화를 공통의 재화로 만들어낸다는 의미를 담고 있다. 이것은 영어 common을 옮긴 것으로, 현대 영어에서 common은 형용사와 명사의 의미만 있지만 본래 이 단어는 commons(이 글에서는 '공통장'으로 표현)를 생산한다는 의미도 담고 있다. 그러나 공통의 재화에 기반한 삶의 양식이 자본주의의 등장과 더불어 파괴되면서 그 의미 또한 잊혀졌다. 역사가 피터 라인보우Peter Linebaugh는 이 단어의 동사

1. 탈성장의 의미

탈성장이란 무엇인가? 그것은 우선 지금과 같은 성장에서 벗어나는 것이다. 하지만 벗어나는 것이 전부일 수는 없다. 우리는 자본주의적 성장을 중심으로 한 사회에서 살아왔기 때문에 성장에서 벗어난다는 것은 다른 사회를 만드는 일일 수밖에 없다. 그러므로 탈성장은 성장에 대한 부정과 탈주이면서 동시에 다른 사회의 구성이다.

성장에서 벗어난 다른 사회란 삶의 축소와 위축, 궁핍을 지향하는 사회가 아니다. 이승준은 탈성장이 단순히 성장의 반대가 아니라 '다름'에 초점이 있음을 강조한다. 탈성장론은 고통스러운 내핍이나 금욕주의적 세계를 만들자고 주장하는 것이 아니라 "지구에 사는 모두를 풍요롭게 하면서 더 건강한 삶을 만들어낼 수 있는 다른 형태의 삶과 경제를 추구하는 것을 목적으로 삼는다"는 것이다.[3] 그의 논지를 따라 우리가 탈성장을 '다름'으로 이해할 때 우리는 그것이 오히려 삶의 풍요로움과 능력의 확장이라는 것을 잘 이해할 수 있다.

용법을 되살려 commoning(공통하기)이라고 쓴다. 이 글에서 등장하는 공통장의 동사 용법, 즉 공통하기 역시 이러한 맥락에서 사용된 용어다.

3   이승준, 「탈성장 사회와 생태민주주의」 불교환경연대 제8차 포럼 〈기후위기시대, 사회적 전환과 생태민주주의〉 발표문, 2022. 12. 20.

다시 말해 탈성장이란 산업화와 더불어 우리에게 강제되어온 축소된 역량, 단조로운 삶과는 다른 역량과 삶을 확장한다는 의미라고 말할 수 있을 것이다. 그러므로 탈성장은 성장에서의 '탈脫' 또는 해방만이 아니라 다른 삶의 성장으로도 이해해야 한다. 즉 탈성장은 현재의 단조롭고 따분하며 위협적이기까지 한 우리의 일상에서 벗어난 새로운 삶과 사회의 창조에 다름 아니다.

요컨대, 탈성장의 두 가지 핵심 측면은 첫째, 지금과 같은 자본주의적 성장에 대한 부정과 그것으로부터의 탈주 그리고 둘째, 새로운 사회의 구성이다. 여기서 중요한 것은 탈주와 구성이 순차적으로 일어나거나 별개의 과정이 아니라는 것이다. 사실 그것은 하나의 과정을 상이한 양상에 주목하며 이름 붙인 것에 가깝다. 이 글은 그 과정을 돌보는 관계에서 찾을 수 있다고 주장할 것이다.

2. 탈주로서의 탈성장

여전히 경제성장을 둘러싼 판타지가 강력하지만, 지금과 같은 성장을 버려야할 이유는 너무나 분명하다. 주지하다시피 우리는 이미 성장의 대가를 치르고 있고 갈수록 더 혹독하게 치러야 할 것으로 보인다. 그 성장을 지금까지 이끈

체계, 즉 자본주의는 무엇보다도 "자연을 조직하는 방법"[4]이다. 그것은 자연을 자원의 저장고로 그리고 폐기물 처리장으로 간주했고 실제로 그렇게 이용해왔으며, 우리가 현재 겪고 있는 생태 위기는 그 방법에서 비롯되었다. 그러나 자본주의 바깥의 세계를 상상하지 못하는 이들은 경제의 성장과 생태 파괴가 반드시 연결되는 것만은 아니라고 주장한다. 그러니까 자연을 보전하면서도 성장을 지속할 수 있다는 것이다. 이러한 주장은 자본주의의 지난 역사에 대한 몰이해와 현재 진행 중인 위기의 경시 그리고 미래에 대한 근거 없는 (주로 기술주의적인) 낙관에서 비롯되는 것으로 보이지만, 우선 그것이 가능하다고 가정해보자. 그러니까 더 이상 지구의 생명을 파괴하지 않으면서도 예전처럼 성장하는 것이 가능하다고 말이다. 이때 성장은 우리가 응당 그래야만 하는 것, '좋은 것'으로 가치화된다. 하지만 성장은 생태적으로 위협적이지만 않으면 좋은 것일까? 그것의 사회적 효과는 좋기만 한 것인가?

경제성장의 무익함

우리는 코로나19 시기에 많은 정치가와 기업가들로부터 경제를 다시 일으켜야 한다는, 즉 다시 성장시켜야 한

---

4 제이슨 W. 무어, 김효진 옮김, 《생명의 그물 속 자본주의》, 갈무리, 2020, 20.

다는 말을 지겹도록 들었다. 그러나 데이비드 그레이버David Graeber가 지적하듯, 우리가 경제라는 말로 우리를 살아 있게 하고 우리에게 먹을 것을 주고 옷을 입히고 거처를 제공하는 활동 — 돌봄으로서의 경제 — 을 뜻한다면 그것은 멈춘 적이 없다. 그렇다면, 경제가 필수적인 재화와 서비스의 공급이 아니라면 그것은 무엇인가? 그레이버의 답은, 오늘날의 "경제란 인간의 필요를 공급하기 위한 메커니즘이 아니라, 대체로 바로 그 여분이 꼭대기에 추가되는 메커니즘"[5]이라는 것이다. 정치가들이 늘 경제성장을 약속할 때, 그들이 이루고자 하는 건 우리 — 비록 모호한 집합적 주체지만 — 삶의 안녕이 아니라 공동체의 부를 꼭대기로 — 많은 경우 그들 자신에게로 — 이전하는 환경의 구축이다. 그 과정에서 우리의 삶은 성장하기보다 위협받는다. 우리는 쫓겨난다. 그러나 그것은 개발로 인한 세련된 풍경과 평균적인 수치의 개선에 가려져 보이지 않고 무시된다.

그러므로 우리가 바라는 건 이런 의미의 경제성장이 아니다. 우리가 설사 그렇게 생각해왔을지라도. 우리는 언제

5   David Graeber, "Vers une · ≪bullshit economy≫," 2020. 5. 29, https://www.patreon.com/posts/original-english-37626245?fbclid=1-wAR101BS_DQMfOD2HbDSLFyfPrCa0zXDjdzGngW01Wda9bkrL-CHB0nxy2MPs

나 우리의 안녕을 바랐을 뿐이다. 문제는 그것이 경제의 성장을 통해서만 가능하다고 여겼다는 점에 있다. 하지만 이제 그러한 사고는 버려야 한다. 경제의 성장은 우리의 안녕과 무관한 메커니즘이 되었기 때문이다. 성장은 지긋지긋하고 경제는 통념과 달리 우리 삶과 무관하거나 우리 삶을 다루기에는 너무 협소한 말이 되고 말았다. 심지어는 우리를 위협하기까지 한다. 그러니 이제 경제, 성장, 혹은 경제성장 같은 기존의 가치를 전부 폐기해야 하는 건 아닐까? 새로운 번영의 길을 생각해야 하는 것이 아닐까?

마리아로사 달라 코스따Mariarosa Dalla Costa가 주장하듯, 자본주의의 성장 혹은 발전은 재생산의 저발전에 기초한다.[6] 다시 말해 삶을 유지할 수 있는 우리의 능력을 박탈하고 그로 인해 우리를 취약한 인간으로 만들 때, 자본주의는 성장할 수 있다. 만일 우리가 다른 방식으로 우리의 삶을 재생산할 수 있다면 구태여 '생산적인' 인간이 되려 애쓰지 않을 것이기 때문이다. 즉, 임금노동 외에 다른 기댈 것이 없을 때 우리는 생산적인 인간이 되려 애쓴다. 생산적인 인간이란 어떤 인간인가? 자본주의적 생산에서는 "자본가를 위해 잉여가치를 생산하는 노동자, 또는 자본의 가치증식에 기여하는 노동

---

6   마리아로사 달라 코스따, 이영주 · 김현지 옮김, 《페미니즘의 투쟁》, 갈무리, 2020.

자만이 생산적이다."[7] 따라서 마르크스가 말했듯, 생산적인 인간이 되는 것은 "행운이 아니라 불운이다."[8] "무·일푼의 자유롭고 의지할 곳 없는 프롤레타리아"[9]가 된 우리는 죽을 때까지 "끝없는 노동의 부과"[10]에 시달리고 그에 따라 우리의 삶은 노동으로 환원되며 이는 줄어들지 않는 노동시간과 더불어 심화된다. 해리 클리버Harry Cleaver는 자본주의가 잉여 노동을 발명한 것은 아니지만 이전 계급 사회에서 잉여 노동은 주인이 요구하는 특정한 구체적인 일로 제한되었던 것에 반해 자본주의에서는 노동의 부과와 잉여 가치의 실현이 끝없이 계속된다고 주장한다.[11] 그에 따라 우리 삶의 대부분이 노동에 갇힌 탓에 우리는 다른 삶을 살아갈 여유가 없다. 경제가 성장하거나 복지제도가 개선된다고 해서 이런 상황이 나아지는 것은 아니다. 우리는 삶의 거의 모든 시간 동안 여전히 조

---

7 칼 마르크스, 김수행 옮김, 《자본론 제1권 (하)》, 비봉출판사, 2001, 684.

8 같은 책, 685.

9 같은 책, 983.

10 Harry Cleaver, *Rupturing the Dialectic: The Struggle against Work, Money, and Financialization*, AK Press, 2017, 83.

11 같은 책, 같은 쪽. 클리버에 따르면 자본에 대한 노동의 가치는 이윤 창출에 국한되지 않으며 "이윤 창출은 우리에게 일을 부과하여 우리를 통제한다는 사회적 목적을 이루기 위한 자본주의적 수단에 불과하다." (같은 쪽).

립라인의 지정된 위치에, 사무실의 정해진 책상에, 즉 노동에 갇혀 있을 것이기 때문이다. 이처럼 자본주의 경제성장은 결코 우리 삶의 풍요로움을 보장하지 않는다. 오히려 그 반대에 가깝다.[12]

그러니 녹색성장이나 지속가능발전 옹호자들이 주장하는 디커플링[13]이 설혹 가능하더라도 우리는 그러한 성장이나 발전을 받아들일 수 없다. 자본주의적 질서 안에서 성장과 발전은 우리의 삶을 타율적 노동으로 환원한다는 점에서 우리를 위한 것이 아니라 우리에 대한 억압에 가깝기 때문이다. 지금과 같은 발전, 성장을 버려야 하는 까닭이다.

일자리와 노동에 사로잡힘

그러나 우리는 성장에 대한 미련을 쉽게 버리지 못한다. 경제가 성장해야 일자리가 늘어나고 그래야 나도 일자

---

[12] 권범철, 「장애는 어떻게 공통화의 역량이 되는가」, 문화/과학, 2023, 115: 21.

[13] 여기서 디커플링decoupling이란 경제성장과 환경 부하를 말 그대로 분리한다는 것이다. 일반적으로 경제가 성장하면 환경 부하가 커지지만 기술을 이용하여 경제가 성장하더라도 환경 부하가 커지지 않는 방법을 찾는 것이다(사이토 고헤이, 김영현 옮김, 《지속 불가능 자본주의》, 다다서재, 2021, 65-66.). 사이토 고헤이는 이 책에서 여러 연구와 제번스의 역설(기술에 따른 효율화가 오히려 환경 부하를 가중시키는 현상) 등을 들며 디커플링이 불가능하다고 주장한다.

리를 구하고 생계를 꾸릴 수 있다는 생각에서 자유롭지 못하기 때문이다. 사실 일자리가 필요하다는 생각은 우리에게 너무나 당연한 공리처럼 여겨지기 때문에 우리는 자본주의적 성장에 대한 집착에서 쉽게 벗어나지 못한다. 하지만 이미 언급한 것처럼 우리가 성장에서 벗어나야만 하는 이유는 너무나 분명하다. 경제성장이 우리를 성장시키기는커녕 오히려 우리 삶의 기반 자체를 무너뜨리는 상황에서 경제성장에 대한 집착을 계속 유지한다는 것은 불합리하고 온당하지 않기 때문이다.

물론 우리가 그러한 집착을 떨치지 못하는 건 일차적으로는 그러한 집착이 강제되는 사회에서 살고 있기 때문이다. 간단히 말해, 일자리가 없으면 먹고 살 수가 없다. 우리가 그것에 사로잡힐 수밖에 없는 결정적인 까닭이다. 자본주의는 우리의 그러한 사로잡힘에 토대를 두는 체계이다. 그리고 그 사로잡힘은 강제를 넘어 하나의 공리가 된다. 마르크스는 자본주의적 생산의 역사적 발생시기에는 직접적인 경제 외적 폭력이 필요하지만, "자본주의적 생산이 진전됨에 따라 교육·전통·관습에 의해 자본주의적 생산양식의 요구를 자명한 자연법칙으로 인정하는 노동자계급이 발전"한다고, 나아가 "자본주의적 생산과정의 조직은, 일단 완전히 발전하면,

일체의 저항을 타파한다"고 썼다.[14] 그의 말처럼 우리는 일자리 없는 삶을 상상하기조차 어려워하고, 그러한 삶은 "자연법칙"을 거스르는 것으로 여긴다. 많은 이들이 직장에서의 시간을 혐오하고 때로는 죽을 만큼 고통을 느끼지만 그 일을 그만두지 못하는 건 실직한, 그러니까 임금 없는 삶은 죽음보다 더 두렵기 때문일 것이다. 아니 임금 없는 삶은 아예 불가능한 삶으로 여겨지는 것일까? 아직도 우리는 임금을 받으며 노동하는 삶만이 유일하게 가능한, 혹은 가능하다고 생각하는 세계에 살고 있다. 노동 없는 삶은 죽음과 같은, 아니 그 이상의 것이 된 것처럼 보인다. 그러나 우리가 계속 그러한 사로잡힘에 머무른다면, 우리는 계속 주어진 일을 수행하며 (현재의 위기를 생산하는) 현 체계의 성장에 '기여'하게 될 것이다. 그러니 우리는 그 사로잡힘에서 벗어나야 한다.

노동에서 벗어날 용기

하지만 그것은 어떻게 가능할까? 어쩌면 그 시작은 노동에 대한 거부일지도 모른다. 물론 우리가 노동 거부로 나아가기란 결코 쉽지 않다. 이미 언급한 것처럼 자본주의는 우리의 노동에의 사로잡힘에 토대를 둔 체계이기 때문이다. 이

---

14 칼 마르크스, 앞의 책, 1013.

것은 무척 중요한데, 자본에게 가장 중요한 과업 중 하나는 다른 일로도 분출될 수 있는 에너지, 즉 노동력을 다른 무엇도 아닌 노동으로 발산하도록 강제함이기 때문이다. 사실 이것은 자본의 "영원한 필요"이다. 이 필요를 해결하지 못할 때 자본주의는 위기를 맞는다. 즉 "자본주의의 위기는 노동 거부에서 발생한다."[15]

노동 거부는 어떤 용기를 필요로 한다. 중요한 것은 그 용기가 개인적인 결단이 아니라는 것이다. 용기는 개인이 혼자서 낼 수 있는 것이 아니라 타자와 상호작용하는 가운데 창발하는 기운이다. 우리에게는 그런 기운을 주고받을 환경이 필요한 것은 아닐까? 그러한 환경에서 우리의 용기가 출현할 수 있고 그 용기가 노동에의 사로잡힘에서 벗어나게 하며 바로 그 용기 덕분에 우리가 (오늘날의 위기를 체계적으로 생산하는) 현 질서에 '기여'하는 일에서 벗어날 수 있다면, 우리는 우선 용기를 낼 수 있는 환경부터, 즉 새로운 가능성의 장부터 만들어야 한다. 이것이 탈주로서의 탈성장을 위한 일차적인 조건일 것이다. 자본주의가 노동에 사로잡히도록 강제하는 사회라면, 탈성장은 그것에서 벗어나는 용기를 낼 수 있는 환경을 조성하는 일이다.

15 조지 카펜치스, 서창현 옮김, 《피와 불의 문자들》, 갈무리, 2018, 40.

3. 구성으로서의 탈성장

　　그러므로 탈성장은 물론 성장에서 벗어나는 일이지만 무언가를 새롭게 만드는 일이다. 그 무언가는 우선 지금까지 이야기한 것, 즉 용기를 낼 수 있는 환경이다. 일자리에 사로잡힌 상태에서 벗어날 용기를 낼 수 있는 건, 우리가 일자리가 아닌 다른 기댈 수 있는 무언가가 있을 때만 가능한 일이다. 임금 말고 우리의 삶을 지탱할 수 있는 어떤 것이 있어야 한다. 그 어떤 것, 그 기반을 어디서 찾을 수 있을까?

　　우리가 그 기반을 떠올리기 어려운 건, 이미 언급한 대로 임금이 우리 삶의 유일한 기반이라는 생각이 하나의 공리가 되었기 때문이다. 이럴 때 다른 기반을 찾을 수 있는 가장 좋은 방법은 이미 임금에서 배제된 이들의 삶을 살피는 것이다. 자본주의는 노동을 강제하는 사회임에도 그로부터 배제된 이들이 분명 존재한다. 어린아이, 일자리를 구하지 못한 청년, 은퇴자 등이 생애주기를 따라 파악된 비임금자들이라면, 집에서 가사노동을 하는 여성, 예술가, 장애인, '저발전'된 지역의 주민 등은 구조적으로 배제된 비임금자들이다. 나는 이 후자의 비임금자들이 (자의든 타의든) 임금노동 바깥에 놓인 까닭에 다른 기댈 것을 만들도록, 서로를 돌보도록, 즉 공통장commons을 만들도록 강제되는 존재라고 말하고 싶다. 또한 실제로 그들의 삶을 살피는 것이 현대 도시에서 찾기 쉽지 않은 공통장을 발견하는 가장 좋은 방법이다. 물론 이들이 공통장을 형성하도록 강제되는 상황에 놓인다고 하여 반드시 그들이 공통장을 생산하는 공통인commoner이 된다고 말할 수는 없다. 다만 그 상황은 도시에서 공통장이 출현할 가능성의 조건을 이룬다.[16] 이를 통해 우리는 임금으로부터의 배제를 비참한 상태라기보다 공통장이 출현할 수 있는 잠재적 조건으로 새롭게 이해할 수 있다.

한 예로, 예술가의 삶을 살펴보자. 일자리를 제공하는 제도적인 환경 자체가 부족한 탓에 임금노동을 하지 않는/못하는 경우가 많은, 그래서 무언가 많은 일을 하지만 보통은 일을 하지 않는다고 이해되는 예술가의 노동 조건은 두 가지 상황을 낳을 수 있다.

우선 비정기적이고 낮은 수준의 소득은 그들을 경쟁하는 사람으로 만든다. 그들은 각종 아르바이트와 지원 사업에 매달려야 한다. 불안한 노동 조건, 제한된 생계 수단과 공적 지원은 그들을 각자도생하도록 만든다.

---

16 네그리와 하트는 자신들의 기획이, 마르크스가 단일한 노동계급을 가능하게 한 조건이 무엇인지 밝힌 것처럼, 다중multitude이 구성될 수 있는 조건을 밝히는 데 있다고 이야기한다(안토니오 네그리·마이클 하트, 정남영·서창현·조정환 옮김, 『다중』 세종서적, 2008, 154.). 네그리와 하트가 다중의 구성 조건을 오늘날 노동의 비물질화 경향에서 찾는다면, 이 글은 현대 도시에서 공통인이 구성될 수 있는 조건을 임금으로부터의 배제에서 찾고 있다.

그러나, 둘째, 그러한 조건은 반대로 그들을 서로 의지하게 만들 수도 있다. 일반적으로 예술가의 불안정하고 주변적인 사회적 지위, 다른 전문 직업군에 비해 상대적으로 부족한 제도적 환경[17], 예술 생산의 집합적 성격 등은 예술가들이 스스로 상호 지원 네트워크를 구성하는 중요한 요인이다. 그러한 상호 지원은 다른 직업군의 경우 보통 공식적 제도 안에서 이루어지는 노동 과정에 대한 조언, 성과에 대한 보상, 커리어 구축 등을 대신하는 성격을 띤다. 이처럼 예술가 네트워크는 제도적 환경(과 그곳에서 세공되는 임금) 바깥에 놓인 이들이 서로 의지하며 다른 삶의 양식을 만들어내는 모습을 보여준다. 요컨대 창작하는 삶을 향한 그들의 욕망은 그들이 서로 돌보는 관계를, 공통장을 형성하도록 이끈다.

---

17 예술가들은 다른 전문 직종 종사자들에 비해 제도적인 환경이 부족한 직업군에 속한다. 가령 공학이나 경영학을 전공한 이들과 음악이나 미술을 전공한 이들이 선택할 수 있는 경로를 비교해보면 그러한 환경의 차이는 극명하게 나타난다. 전자의 경우 해당 전공자를 필요로 하는 많은 기업이 있고 관련 자격증을 취득하여 선택할 수 있는 경로(예를 들어 회계사, 건축사, 기술사 등등) 역시 많이 있다. 그러나 후자의 경우 그러한 선택지 자체가 거의 없다. 그에 따라 예술가들은 대부분 제도 바깥의 비공식적인 환경에서 활동하며, 이는 그들의 소득으로 극명하게 드러난다. 문화체육관광부에서 발간한 《2021 예술인 실태조사》를 보면 1년간 개인 수입 중 예술 활동 수입을 묻는 항목에 '없음'이라고 답한 응답자가 무려 43%로 가장 많았다(문화체육관광부, 《2021 예술인 실태조사》, 2021. 12., 84.).

용기를 키우는
돌봄 관계로서의 공통장

　이 돌봄 관계는 또 다른 이들을 끌어들이는, 다시 말하면 노동을 거부하는 용기를 불 지피는 장으로 기능하기도 한다. 물론 돌봄 관계만으로 생계를 유지하기란 어렵지만, 그럼에도 예술가 네트워크에 대한 사례 연구가 보여주듯 그 네트워크는 그들이 어쩌면 무모하다고도 할 수 있는 선택, 즉 임금노동을 거부하고 다른 양식의 삶을 시도할 수 있는 토대를 제공한다.[18] 여기서 주목할 점은 돌봄 관계로서의 공통장 자체가 용기를 키우는 일종의 주체 역할을 하게 된다는 점이다. 질량을 가진 물체가 중력장을 만들어 주변의 시공간을 왜곡시키듯, 돌봄의 관계는 공통장을 만들어 자본주의 사회의 일부를 (비록 미약할지라도) '오염'시킨다. 그에 따라 왜곡된 시공간에서 달이 지구에게 이끌리듯, '오염된' 사회에서 우리는 노동을 거부하는 삶으로 이끌린다. 다시 말해 돌봄 관계로서의 공통장에 접속할 때 우리는 용기를 낼 수 있게 된다. 중요한 건 그 용기가 '내'가 내는 것도, '네'가 주는 것도 아니며, 나와 네가 그리고 다른 많은 이들이 서로 상호작용하는 가운데 창발하는 기운이라는 점이다. 어떻게 보면 용기를 내는 건

18　다음을 참고하라. 권범철, 《예술과 공통장: 창조도시 전략 대 커먼즈로서의 예술》, 갈무리, 2024.

공통장 자체이다. 이것이 바로 상호작용하는 장의 구성이 중요한 이유이다.

또한 오늘날 점점 더 많은 이들이 과거와 같은 안정적인 일자리에서 탈락하는 일은 한편으로는 극단적인 각자도생의 강화로 이어질 수도 있지만 다른 한편으로는 돌봄 관계로서의 공통장을 위한 조건을 다지는 일일 수도 있다. 물론 그것이 어디까지나 잠재성의 영역에서 일어나는 일이며 반드시 실현되지는 않는다 해도 우리가 다르게 연결될 수 있는 가능성을 사고할 수 있는 기반을 제공한다.

그러나 돌봄 관계가 인간-인간의 관계에 머무르는 것은 뚜렷한 한계가 있다. 생물학적 기계인 우리에게는 물질적인 재화가 필요하다. 피터 라인보우가 《마그나카르타 선언》에서 잘 보여주듯, 중세 잉글랜드 장원에서 땅 없는 이들의 생계를 뒷받침한 것은 공통장으로서의 땅 혹은 숲과의 직접적인 유대 관계였다. 나무가 물질문화의 중심이던 시대에 그들이 공통의 숲에서 취한 목재와 열매 등 임산물은 건축, 요리, 난방, 생산도구 등에 쓰이며 그들의 일상을 지탱했다.

그러한 땅과의 직접적인 유대 관계, 즉 물질적인 기반을 오늘날 도시에서 재구축할 수 있을까? 그들이 물질적 기반과 맺었던 공통의 관계를 오늘의 맥락에서 적절하게 번역할 방법이 있을까? 그러니까 오늘날의 도시에서 땅과 공통할 commoning 수 있을까?

4. 도시를 시골화하기

　　땅과 공통하기란 땅을 다시 우리의 공통장으로 만드는 일이다. 이것은 그 자체로 사회적·생태적 재생산 위기에 맞서는 방법이면서 동시에 우리의 역량을 키우는 일이다. 우리가 임금이 아닌 다른 무언가에 기댈 수 있는 그만큼 우리의 힘은 커진다. 그동안 공통장 담론은 물질적 자원의 공통화를 지나간 일 혹은 주변적인 일로, 아니면 불가능한 일로 여겨왔다. 특히 정보통신 기술, 인터넷, 급속한 도시화의 맥락에서 공통장을 연구하는 이들의 글에서 물질 자원은 거의 언급되지도 않는다. 비물질 영역의 확장이 물질 영역의 파괴와 오염에 토대를 두고 있음에도 말이다. 비물질이 우리가 보는 그런 형태로 존재하기 위해서는 물질적 신체를 부여받아야 한다.[19] 이는 비물질 활동을 위해 지구 어딘가의 물질을 추출해야 함을 뜻하며, 이러한 추출은 결국 해당 지역의 생태계 파괴를 의미한다. 따라서 기후위기 시대의 우리에게 땅을 비롯한 물질과 물질적 재화에 대한 다른 이해는 필수적이다. 이 위기가

19　그래서 파스퀴넬리의 말처럼 "모든 비물질적인 공간들에는 그 공간들에 대한 물질적 기생체들이 있다. 말하자면 모든 공유된 음악 파일들은 아이팟으로 귀결된다."(맛떼오 파스퀴넬리, 서창현 옮김, 《동물혼》, 갈무리, 2013, 222-223.)

심화될 경우 우리가 현재 누리고 있는 생활양식과 그 토대의 유지를 장담할 수 없다는 점에서 우리는 정말로 땅과 공통하는 새로운 삶의 양식을 발명해야 하지 않을까?

이러한 점에서 도시에서의 생산에 대해서도 새로운 이해가 필요해 보인다. 네그리Negri와 하트Hardt는 오늘날의 도시가 그 자체로 공장이 되었다고 이해한다.[20] 이들의 논의는 도시 공간을 가로지르며 일어나는 사회적 생산의 메커니즘을 포착한다는 점에서 중요하며 의의가 크다. 그러나 이들의 논의에서 사회적 생산의 헤게모니적인 지위를 차지하는 비물질 생산은, 그것이 특이성의 집합으로서의 다중을 생성하는 장이 될 가능성이 있다 해도,[21] 우리 신체의 재생산을 담

---

20 "삶정치적 생산이 헤게모니를 쥠에 따라, 경제적 생산의 공간과 도시 공간이 서로 중첩되는 경향이 생긴다. 생산 공간과 도시 공간을 나누는 공장의 담은 더 이상 존재하지 않는다. (…) 노동자들은 메트로폴리스 전체에서, 그 모든 구석과 틈새에서 생산한다. (…) 메트로폴리스와 다중의 관계는 공장과 산업노동계급의 관계와 같다."(안토니오 네그리·마이클 하트, 정남영·윤영광 옮김, 《공통체》, 사월의책, 2014, 350-352).

21 네그리와 하트는 하나로 수렴되지 않는, 동일성으로 환원될 수 없는 차이로서의 특이성들singularity이 공통적인 것을 토대로 해서 상호작용하며 그 상호작용이 다시 공통적인 것을 생산한다고 이야기한다. 이때 다중은 이 특이성과 공통성의 동학에서 출현하는 주체성이다(네그리·하트, 앞의 책, 2008, 270.) 이들은 오늘날 자본주의 생산에서 중심을 차지하는 비물질적인 것(지식, 정보, 소통, 정동 등)이 쉽게 재생산되기 때문에 공통적으로 되려는 경향을 지니고 있다고 본다. 즉 비물질 노동이

보할 수는 없다. 맛떼오 파스퀴넬리Matteo Pasquinelli가 지적하듯 온라인과 오프라인은 비대칭적이다. 우리가 인터넷을 통해 아무리 많은 자유소프트웨어와 음악과 영화와 책을 공유할 수 있다 해도 그러한 상황은 오프라인 세계에 그대로 반영되지 않는다. 이처럼 비물질적인 것에만 초점을 둔 공통장 접근법의 한계는 명백하다. 비물질은 우리 일상의 재생산을 담보할 수 없다(비물질 파일을 먹고 살 수는 없다). 그에 따라 우리의 삶은 여전히 '다른 어딘가'에서의 착취와 억압에 연루된 채 남는다.

그러므로 문제는 도시에서 땅과 새로운 관계를 맺는 것이다. 그렇게 함으로써 임금에 대한 우리의 절대적 의존을 떨어뜨려야 한다. 그래야 우리의 역량을 키울 수 있고 위기를 예방하며 또한 그것에 적응할 수 있다.

재시골화의 사례들

문제는 도시에 사는 많은 이들에게 땅과 다른 관계를 맺는 건 거의 불가능한 일처럼 여겨진다는 것이다. 하지만 모두가 그런 것은 아니다. 페데리치가 들려주는 나이지리아의 사례를 참고해보자.

차이로서의 특이성들이 서로 연결될 수 있는 장이 되는 것이다.

내가 포트하커트 대학에서 아직 기억하는 또 다른 이미지는 야자나무 사이에서 지는 해를 보기 위해 저녁에 덤불로 가는 것이다. 페달을 밟으면서 나는 몇몇 동료들의 자동차가 지나가는 걸 볼 수 있었다. 나는 그들이 대학의 땅에 심은 식용 작물이 잘 자라는지 확인하러 가던 길이었다는 것을 이내 알게 되었다. 그들은 그 땅을 소유하지 않았고 그것을 직접 재배하지 않았지만, 그들은 좋은 땅의 유용함을 이용하지 않고 완전히 임금에 의존하는 것을 상상하지 못했다. (…)

그리고 소가 있었다. 인근의 칼라바르 대학에는 매년 봄 소떼가 왔다. 그 소들은 풀을 뜯기 위해 북쪽에서 왔다. 목축업자들은 그 소들을 팔기 위해 남쪽으로 데려가는 길이었다. 그러나 소를 팔기 전에 그들은 우림 지대의 영양이 풍부한 풀로 소를 살찌우고 싶어 했다. 대학은 이러한 필요를 위해 공간을 제공했고 소를 수용했다.[22]

22 Silvia Federici, *Re-enchanting the World: Feminism and the Politics of the Commons*, PM Press, 2019, 99-100.

이 재시골화된 대학의 사례는 우리가 아는 대학과는 무척 다른 모습을 보여준다. 그곳이 비물질 노동(강의, 공부, 세미나 등)과 그것을 뒷받침하는 재생산 노동(청소, 요리 등)만이 아니라 일상을 재생산하는 농업 노동이 진행되는 현장이라는 점에서 그렇다. 페데리치가 나이지리아에서 만난 동료들은 그의 "유일한 보장 수단이 임금이고, 돌아갈 마을이 없으며, 어려울 때 그를 지원해 줄 공동체가 없다는 것"[23], 즉 우리 대부분의 삶의 양식을 이해하지 못했다. 그들에게는 우리의 삶의 양식이 거의 불가능한 일처럼 여겨지는 것이다. 이처럼 IMF와 세계은행의 구조조정 시도에도 아랑곳없이 아프리카에서는 자급적인 삶의 양식이 오랫동안 유지되었다. 특히 자급적 삶에서 여성들의 역할이 두드러진다. 페데리치의 이야기를 더 들어보자.

여성은 세계의 자급 농부들이다. 아프리카에서 여성을 설득하여 그들의 활동을 환금 작물 생산으로 바꾸려 하는 세계은행과 다른 기관들의 시도에도 불구하고 여성은 사람들이 소비하는 식량의 80퍼센트를 생산한다. 1990년대에 많은 아프리카 도시

23 ibid., 2.

에서 여성은 식량 가격이 인상되자 공공 토지의 일부를 전유하여 "길가에 (...) 공원에, 철길을 따라" 옥수수, 콩, 카사바를 심었다. 이는 아프리카 도시의 풍경을 바꿨고 그 과정에서 도시와 시골의 분리를 허물어뜨렸다.[24]

이것은 중요한 사례로 보이는데, 임금노동에서 배제된 이들(여기서는 여성)이 물질적 재화의 공통화를 모색했다는 점에서 그렇다. 이처럼 노동에서 배제된 이들은 무기력하고 수동적인 자로 남는 것만이 아니라 다른 삶의 방편을 만들어가는 자가 될 수도 있으며, 그것이 이들의 삶을 살펴야 하는 중요한 이유이다. 하지만 이것이 특수한 지역(여기서는 아프리카)의 사례라는 점을 생각해봐야 한다. 대체로 자본주의가 발달한 북반구의 도시에서는 공통할 물질재화와 제도적인 뒷받침이 부족한 탓에 물질재화와 다르게 관계 맺는 일은 잘 일어나지 않는다. 그런 이유로 비임금자들 간의 관계, 즉 인간-인간의 관계는 활성화되지만 인간-땅의 관계는 여전히 부족하다. 위 아프리카 도시의 사례가 의미 있는 건 그 여성들이 두 관계 모두를 활성화했기 때문이다. 이는 우리의 도시

---

24 ibid., 107.

공간 대부분이 (삶정치적 생산의 관점에서는 생산적이라고 할 수 있겠지만[25]) 철저히 심미적 소비 경관으로만 유지되는 것 — 대표적으로 공원 — 과 뚜렷한 대조를 이룬다. 우리는 도시를 좀 더 '생산적으로' 바꿀 필요가 있다.

25 네그리와 하트는 비물질 생산을 삶정치적biopolitical 생산이라는 말로 표현하는 것이 더 적합하다고 보는데, 비물질 노동에서는 삶 자체가 생산의 투입물이 되고 그 생산은 다시 삶 자체를 그 결과물로 도출하기 때문이다. 이러한 삶정치적 생산의 관점에서 볼 때 현대 도시는 그야말로 생산적이다. 그들은 이렇게 쓴다. "메트로폴리스는 삶정치적 생산이 이루어지는 장소이다. 공통적인 것의 공간, 사람들이 함께 살아가고 자원을 공유하고 소통하고 재화와 아이디어를 교환하는 공간이기 때문이다. (⋯) 삶정치적 생산의 기초로 기능하는 공통적인 것은 (⋯) 물질적 요소들에 뿌리를 두고 있는 '자연적인 공통적인 것'이라기보다는, 언어·이미지·지식·정동·코드·습관·관행으로 구성되는 '인공적인 공통적인 것'이다. 이 인공적인 공통적인 것이 메트로폴리스의 전 영토를 가로지르며 메트로폴리스를 구성한다. 그러므로 메트로폴리스는 삶정치적 생산의 순환에 완전히 삽입되고 통합되어 있다. (⋯) 메트로폴리스는 공통적인 것을 생산하는 공장이다."(네그리·하트, 앞의 책, 2014, 350-351.) 나는 이들의 주장에 공감하면서도 도시에서 '자연적인 공통적인 것'에 대해서도 관심을 둘 것을 요청하고 싶다.

그러나 이를 위해 우리가 땅과 공통하기에는 여러 장애물이 많아 보인다. 첫째는 지나치게 정상화된 '노동하는 삶'이다. 우리는 우리의 삶에서 노동이 차지하는 위상을 크게 떨어뜨려야 한다. 이를 위해서는 우선 다양한 공적인 혹은 공동체적인 뒷받침이 필요하다. 복지제도나 기본소득 등을 대표적으로 들 수 있을 것이다. 그러나 이러한 제도들은 기본적으로 '우리'의 삶보다는 자본의 삶에 더 관심을 기울이는 국가에 의해 집행된다는 점에서 한계가 있다.

둘째는 노동에 대한 몰입으로 인해 현대인에게 나타나는 특별한 '가난'이다. 이반 일리치Ivan Illich는 경제성장이 어떻게 우리의 삶을 '가난하게' 만드는지 아래와 같이 설명한다.

'현대화된 가난'은 과도한 시장 의존이 어느 한계점을 지나는 순간부터 나타나기 시작한다. 이 가난은 산업 생산성이 가져다준 풍요에 기대어 살면서 삶의 능력이 잘려 나간 사람들이 겪어야 하는 풍요 속의 절망이다. 이 가난에 영향을 받는 사람은 창조적으로 살고 주체적으로 행동하는 데 필요한 자유와 능력을 빼앗긴다. 그리고 플러그처럼 시장에 꽂혀 평생을 생존이라는 감옥에 갇혀 살게 된다. 현대의 이

새로운 무력함은 너무나도 깊이 경험되는 것이라 겉으로는 거의 드러나지 않는다.[26]

일리치는 이 "신종 가난"을 부자와 빈자 간의 소비 격차와 혼동하지 말아야 한다고 이야기한다. 그러한 소비 격차는 "계급 투쟁"으로 줄일 수 있는 문제이지만 이 "산업화된 무력함"은 분배를 개선하거나 생산수단을 재전유하는 방식으로는 해결될 수 없다. 그것은 현대의 산업화로 인해 나타나는 "인간의 무력함", "우리 시대에만 겪는 특별한 가난"으로서, 우리가 산업의 성장을 '좋은 것'으로 간주하는 이상 모든 인간에게 보편적으로 나타나는 과정이기 때문이다. 그로 인해 인간은 "자율은 무너지고, 기쁨은 사그라지고, 경험은 같아지고, 욕구는 좌절되는 과정"을 겪는다.[27]

요컨대, 노동에 매몰된 우리가 한 가지 일에 숙련된 인간이 되고 그것의 보상에 나의 모든 생계가 달린 상황에 처하게 될 때, 우리의 삶을 유지하고 창조하는 전반적인 역량은 크게 위축된다. 우리는 삶의 재생산을 모두 상품의 구매에, 그에 따라 임금에 의존하게 되고, 우리의 삶은 권태와 불안에

26   이반 일리치, 허택 옮김, 《누가 나를 쓸모없게 만드는가》, 느린걸음, 2014, 6.

27   같은 책, 7-12.

빠진다.[28] 페데리치도 유사한 맥락에서 아래와 같이 우리의 무능력에 대해 언급한다.

> 우리는 자본주의적 기술 혁신의 역사와 병행하여 진
> 행된, 우리의 전자본주의적 지식과 역량의 탈축적의
> 역사를 쓸 수 있다. 이 탈축적은 자본주의가 우리 노
> 동의 착취를 만들어내기 위한 전제이다. 식물과 꽃
> 의 성분을 읽을 수 있는 역량, 식물과 꽃의 의료적 속
> 성을 발견할 수 있는 역량, 땅에서 자양물을 획득하
> 는 역량, 숲에서 살 수 있는 역량, 길과 바다에서 별
> 과 바람을 지침으로 삼을 수 있는 역량은 파괴되어
> 야 했던 '자율'의 원천이었고 여전히 그러하다. 자본
> 주의적 산업 기술의 발전은 그러한 상실 위에서 이
> 루어졌고 그 상실을 증폭시켜왔다.[29]

이러한 무능력은 땅과의 관계 맺기에서도 마찬가지
일 것이다. 그러니 우선 어떤 식으로든 땅(과 그 안의 생명)과
의 관계를 시작하는 일이 필요해 보인다. 이는 심화되는 위기

28   권범철, 앞의 글.

29   Silvia Federici, ibid., 191.

상황에서 더욱 절실한 일이 될 것이다. 달라 코스따의 말처럼 "살 수 있는 것이 독극물뿐이라면 임금이 무슨 소용인가?"[30]

땅과 협력하며 '생산적인' 도시 만들기

요는 다르게 생존하는 법을 발명하는 것이다. 애나 칭Anna Tsing이 지적하듯 대중문화에서 생존은 정복과 팽창의 동의어로 여겨지지만, 사실 어떤 생물종이든 생존을 위해 필요한 건 "적합한 협력"이다. 생존은 언제나 타자를 수반하며 따라서 "우리는 생물종 내에서, 그리고 생물종 간에 이뤄지는 협력을 통해 변화한다."[31] 우리는 그 마주침을 통한 "오염"이 선사하는 가능성을 찾아나서야 한다. 여전히 부족한 생물종 내의 협력뿐 아니라 잘 시도하지 않았던 생물종 간의 협력, 땅과의 협력에 나설 순간이다.

이를 위해 필요한 것이 앞에서도 언급했듯이 도시를 '생산적인' 곳으로 바꾸는 일이다. 여기서 생산적이라는 것은 도시에 더 많은 공장을 짓자는 말이 아니며, 비물질 노동을 더 활성화해야 한다거나 도시를 관광자원으로 만들자는 것도 아니다. 사실 이러한 방식은 살림살이의 관점에서, 즉 생명의

30 마리아로사 달라 코스따, 앞의 책, 244.

31 애나 로웬하웁트 칭, 노고운 옮김, 《세계 끝의 버섯: 자본주의의 폐허에서 삶의 가능성에 대하여》, 현실문화연구, 2023, 64-66.

재생산의 관점에서 봤을 때 도시를 더욱 기생하는 곳으로 만든다. 도시에서 살기 위해 필요한 식량과 전기와 기타 여러 자원과 물품들은 여전히 도시 바깥에서 생산되고 그 지역들을 파괴하며 조달되기 때문이다. 그러므로 도시를 '생산적인' 곳으로 바꾸는 것은 도시 내 (비)인간 자연의 재생산이 도시 바깥 어딘가의 파괴에 기초하지 않고, 자율적이고 협력적인 방식으로 수행될 수 있는 곳으로 도시를 바꾸는 것이다. 과거 많은 도시가 생태도시라는 이름의 프로젝트를 수행한 바 있지만 이것은 대부분 심미적인 소비 경관으로서의 공원을 조성하는 데 그쳤다. 물론 그것도 나름의 의미는 있지만 살림살이의 관점에서 볼 때 한계는 분명하다.

그렇다면 도시를 어떻게 바꾸어야 할까? 핵심적인 방법론은 도시가 우리에게 주어지는 곳이 아니라 우리가 생산하는 곳이어야 한다는 것이다. 즉, 우리 자신이 주체가 되는, 아래로부터의 도시 만들기가 중요하며, 우리는 이를 여러 돌봄의 관계에서 찾을 수 있다. 여기서는 두 가지 사례를 살펴본다.

아파트 탐조단

먼저 〈아파트 탐조단〉은 아파트에 사는 새를 관찰하고 기록하는 모임이다. 탐조단을 이끄는 박임자 탐조책방 대표는 코로나19가 한창이던 2020년 한 해 동안 수원시의 한 아파트 단지에서 47종의 새를 만났고 기록했다.[32] 무엇보다 인상적인 점은 이 활동이 한국 인구의 절반 이상이 사는 아파트 단지가 단지 인간들만의 장소가 아니라는 점을 증명하고 있다는 사실이다. 탐조단은 새를 관찰하는 활동을 통해 아파트 단지 내 정원이 "주민들의 산책 공간일 뿐 아니라 새들에게도 매우 중요한 번식지이자 서식지"[33]라는 것을 알려준다. 탐조단의 활동은 이를 통해 인간들의 집단 거주지로만 상상되기 쉬운 도시를 우리가 다르게 이해하도록 이끈다. 도시와 이 도시를 집어삼킬 듯이 늘어나는 아파트 단지가 인간들만의 장소가 아니라 새, 새의 먹이가 되는 곤충과 나무 열매, 둥지의 재료가 되는 여러 물질들, 새를 위협하는 고양이까지 다양한 생물종들의 공동 거주지로 보이기 시작하는 것이다. 탐조단은 관찰만이 아니라 인공 새집 달기 프로젝트 등을 진행하며 아파트 단지 정원을 새가 좀 더 안전하게 살 수 있는 환경으로 바꾸는 활동 또한 진행해왔다. 아파트 단지가 인간들만의 장소가 아니라면 당연히 다른 비인간 종을 위한 환경도 갖추어야 할 것이다. 이는 작은 활동처럼 보일지 몰라도 비인간

32 '우리 아파트에는 47종의 새가 살아요', 한겨레 21 홈페이지, 2023. 7. 26., https://h21.hani.co.kr/arti/society/environment/54168.html.

33 '이 많은 새들이 아파트에 산다고요?', 초록열매 홈페이지, 2022. 11. 9., https://koreashe-green.org/group/520.

종들과의 협력을, 땅과 관계 맺기를 어떻게 이해하고 시작해야 하는지, 우리의 시야를 열어준다. 아파트 단지를 인간만의 거주지가 아니라 새와 곤충, 미생물과 풀과 나무가 함께 사는 공동거주지로 이해한다면, 그래서 이 공동거주 종의 돌봄을 살림살이의 중심에 둔다면, 아파트 단지와 도시는 어떻게 바뀔 수 있을까? 도시를 살림살이의 관점에서 종과 종이 만나는 공간으로 바꾸는 활동은 아마도 이런 질문에서 시작될 수 있을 것이다.

도시 텃밭

다음 사례는 도시 텃밭이다. 마리아 미즈Maria Mies와 베로니카 벤홀트-톰젠Veronika Bennholdt-Thomsen은 자급을 새로운 삶의 양식을 포괄하는 개념으로 사용하는데, 이들은 자급이 산업사회에서 사라지지 않았을 뿐 아니라 오히려 상품 생산의 기초라고 강조한다. "자급 생산이 없다면, 어떠한 상품 생산도 없다. 반면에 상품 생산이 없어도 자급 생산은 가능하다."[34] 미즈와 벤홀트-톰젠은 이 자급 지향성이 이미 도시에 존재한다고 역설하는데, 가장 먼저 제3세계 사례를 언급한다. "자급이란 거대 도시의 슬럼에서 사람들이 생존하기 위

---

34 마리아 미즈·베로니카 벤홀트-톰젠, 꿈지모 옮김, 《자급의 삶은 가능한가》, 동연, 2013, 55.

해서 하고 있는 일이다. (…) 사람들은 화폐 수입에만 완전히 의존하지 않기 위해, 자신의 판잣집 주변에 몇 가지 채소들을 키우고, 자기 집은 스스로 짓기도 하고, 닭이나 돼지, 거위를 치기도 한다."[35] 조지 카펜치스George Caffentzis와 실비아 페데리치는 이러한 사례들을 "국가와 시장 통제 외부에서 재생산을 조직하면서 세계 경제와 '연결되지 않는' 도시 거주 인구가 늘어나는 징후"로 보면서 그 사례를 "슬럼의 행성"[36]이 아니라 "공통장의 행성"으로 묘사해야 한다고 주장한다.[37]

　　물론 이러한 자급은 제3세계의 일만은 아니다. 미즈와 벤홀트-톰젠은 미국의 자동차 도시 디트로이트가 탈산업화 과정을 겪은 후 산업 용지의 일부에서 일어난 재-농촌화 과정, 일본 도쿄에서 농사를 짓는 '야생 농부'의 사례를 들려준다. 특히 "도시를 다시 경작 가능한 땅으로 만드는 것"을 목적으로 한 이들 야생 농부는 전일제 농부가 아님에도 "야채의 경우 100% 자급을 이루었고 쌀의 경우 자급률은 70%에 이르렀다." 미즈와 벤홀트-톰젠은 이들 사례를 언급하면서 "도시

35　같은 책, 243.

36　"슬럼의 행성"은 마이크 데이비스가 쓴 책의 제목으로 한국에서는 《슬럼, 지구를 뒤덮다》(돌베개, 2007)라는 제목으로 출간되었다.

37　실비아 페데리치 · 조지 카펜치스, 권범철 옮김, 「자본주의에 맞선 그리고 넘어선 커먼즈」, 문화/과학, 2020, 101: 179.

에서의 자급이 단지 하나의 유토피아적인 몽상에 그치는 것이 아니라, 다양한 방식으로 실천되고 있다"고 이야기하면서 "도시들은 이제 더 이상 기생적 존재 방식을 그만두고, 수동적인 소비만 일어나는 장소가 아니라 삶의 필수품들을 생산해내는 공간으로 변모해야 한다"고 주장한다.[38] 이러한 도시 텃밭 사례들은 땅과 다르게 관계 맺으면서 도시를 바꾸는 활동이 얼마든지 가능하다는 점을 보여준다.

이렇게 아파트 단지에서 새를 관찰하고 쉼터를 제공하며 서로 연결되는 사람들부터 탈산업화된 도시에 함께 텃밭을 일구는 사람들까지 종을 가로지르는 다양한 돌봄 관계는 도시를 새롭게 생산한다. 이러한 활동에서 또 하나 중요한 점은 이런 활동들이 (비)인간 자연들을 연결하면서 집합적 주체를 형성한다는 점이다. 이처럼 서로를 돌보는 활동은 동시에 '새로운 우리'를 만드는 과정이기도 하다. 이는 돌봄 관계가 단지 그 일의 기능적 수행에 그치지 않고 존재의 해방을 위한 잠재력을 품고 있다는 것을 뜻한다.

---

38 마리아 미즈 · 베로니카 벤홀트-톰젠, 앞의 책, 258-265.

5. 미래로 돌아가기와
새로운 친족 만들기

오늘날 도시에서 공통장을 어떻게 만들 것인가? 다양한 접근법이 있지만 여기서는 물질과 비물질을 중심으로 두 가지로 나누어볼 수 있다. 첫 번째는 비물질적인 것을 중심에 둔 접근이다. 인터넷과 정보 기술의 발전은 중세 잉글랜드 재산법에 등장했던 이 오래된 단어, 공통장을 새롭게 활성화하는 데 크게 기여했다. 그러나 앞서 언급한 것처럼 비물질에만 중점을 둔 접근은 그것이 토대를 둔 물질 세계의 파괴에 무관심하기 쉬우며 우리 신체의 재생산에 별다른 기여를 하기 어렵다.

두 번째는 물질 재화에 관심을 둔 접근법이다. 마리아 미즈, 실비아 페데리치, 마리아로사 달라 코스따 등이 주로 제기한 이 접근법은 일상의 재생산의 토대로서 물질적 재화의 공통화에 관심을 둔다. 이들은 인터넷이나 메트로폴리스에서의 협력, 그러니까 자본주의의 가장 발전된 부분보다는 아프리카, 라틴 아메리카, 아시아 등 저발전 지역에서 여전히 작동 중인 마을 공통장 혹은 관련 지역의 투쟁에서 생성되는 집합적인 재생산 방식에 관심을 둔다. 이들의 논의는 땅과 공통하자는 이 글의 주장과 잘 연결된다. 하지만 그러한 논의에 공감하면서도 다른 한편으로 쉽게 받아들이지 못하는 것도 사실이다. 우리는 과거로 회귀하여 자급자족해야 하는 걸까? 그것은 가능한 일일까? 등의 의구심을 떨치기 어렵다.

미래로 돌아가기

이렇게 두 접근법은 서로 다른 방향을 향한다. 전자가 미래로 가속한다면 후자는 과거로 돌아가는 것처럼 보인다. 그러나 이 둘이 각기 만족스럽지 않다면 둘을 통합하는 방법이 필요하지 않을까? 그러니까 다시 물질적인 공통장으로 돌아가면서도 과거로 회귀하지 않는 방식으로 돌아가는 것, 그래서 미래로 돌아가는 길이 필요하다. 우리는 어떻게 자본주의적이지 않은 방식으로 '발전'할 수 있을까? 생태철학자 신승철은 《탄소 자본주의》에서 비슷한 문제를 제기하면서 우리의 질문에 대한 힌트를 제공한다.

역사철학에서는 두 가지 역사관이 충돌한다. 먼저 순환과 반복을 말하는 '유한에서 유한으로 향하는 순환적 세계관'이 그것이고, 두 번째는 '유한에서 무한으로 향하는 진보적 세계관'이다. (...) [후자는] 기후 변화의 상황을 초래했던 이유이기도 하다. 이에 반해 유한에서 유한으로의 반복과 순환의 행렬을 그리는 소농공동체의 탄소순환, 유기물순환의 과정은 왜소하고 오래된 구습에 불과하고 사라져야 할 것으로 간주되어 왔다. 여기서 순환과 반복, 그리고 진보를 둘 다를 충족할 만한 구도는 없을까 고심하는 사람들이 있을 수도 있다.[39]

신승철이 이 글에서 제기하는 순환과 진보의 통합은 우리가 지금 다루는 문제설정, 즉 '미래로 돌아가기'와 같다. 그는 이 문제에 스피노자를 인용하며 답한다.

스피노자는 신적 질서인 무한과 영원성을 향해 유한자가 진입하는 것이 관념이나 자기의식의 세계에서 가능한 것이 아니라, 무한한 경우의 수를 갖고 있는 자연생태계의 '유한자의 무한결속'에만 있다는 점을 밝혀낸다. (...) 스피노자에 따르면 무한한 신이라는 실체는 유한한 양태에 내재해 있기 때문에, 변용과 접속, 감성적 실천을 통해 양태가 연결될 때야 비로소 무한한 잠재성이 표현될 수 있다.[40]

스피노자에게 자기원인을 가지며 다른 것에 의존하

39 신승철, 《탄소자본주의》, 한살림, 2018, 437-438.

40 같은 책, 438.

지 않는 실체는 신, 즉 자연뿐이다. 우리 인간은 실체가 아니라 양태로서 존재하며, 이는 곧 우리가 외부 생명들과의 상호의존 관계 속에서만 살아갈 수 있음을 뜻한다. 위 인용문에서 '유한자의 무한결속'이란 양태로서 존재하는 인간 자연과 비인간 자연을 포함하는 우리 유한자들이 상호의존 관계의 양상을 양적으로 그리고 질적으로 극대화하는 것을 가리킨다. 우리는 물론 스스로 의식하지 못할 때에도 이미 상호의존 관계 속에 있지만, 많은 경우 그 관계는 문제적이다. 우리가 서로를 돌보거나 무언가를 공유하는 관계는 집 안에만 머무르거나 아파트 단지 안에만 머무르거나 국경 안에서만 혹은 인간들 사이에서만 작동한다. 이렇게 '우리' 집, '우리' 단지, 우리 '나라', 우리 '인간'에만 머무르는 상호의존은 우리와 연결되어 있는 다른 무수한 존재와의 관계를 배제하며 위험에 빠뜨리기 쉽다. 네그리와 하트가 가족을 '부패한 공통적인 것'으로 부르는 것도 이러한 이유에서이다.[41] 따라서 '유한자의 무한결속'은 타자를 위협하고 결국에는 우리 자신을 위협하는 문제적 상호의존 관계를 좀 더 수평적이고 평등한 공생공락의 관계로 바꾸어내는 것이다.

　　이것은 기존의 배타적인 가족과 구별된다는 점에서

41　네그리 · 하트, 앞의 책, 235-237.

새로운 친족을 만드는 일이라 부를 수 있다. 젠더 규범성의 기계이고, 대안적인 유대 관계를 빚어내며, 가족을 위한다는 명목으로 극단적인 나르시시즘과 이기주의를 보여주고, 사유재산의 축적 그리고 이전(상속)의 핵심 제도로 기능하는 기존의 가족[42]과 다른, 훨씬 더 개방적인 돌봄 관계망인 새로운 친족을 만들 필요가 있다. 우리는 그 관계의 양상을 풍부하게 한다는 의미에서 '발전'할 수 있다. 이에 대한 신승철의 설명을 다소 길지만 인용해보자.

> 유한자의 무한결속을 달리 표현하자면, 내포적 발전, 지역순환경제, 공동체 발전과 같은 전략적 지도 그리기에서 이미 말했던 바이다. 다시 말해 유한자로서의 지역사회구성원이나 공동체 사람들이 관계망을 통한 경우의 수를 늘리거나, 관계를 성숙시켜서 무한한 시너지효과를 일으키는 경제가 작동한다는 구도가 그것이다. 한 사람 한 사람의 인간은 유한하지만, 그들이 여러 방식들로 조합되고 연결되고 변용되어 관계망을 만들고 그것을 보다 성숙시켜 나감으로써 무한으로 나아갈 수 있다는 뜻이다. 이것

---

42   네그리·하트, 앞의 책, 236-237.

은 어쩌면 앞으로 도래할 탄소순환 사회의 구도를 미리 보여준 사례라 할 수 있다. 자연생태계 내에서 탄소순환의 흐름은 큰 그림으로 보면 유한에서 유한으로 큰 구도를 그리지만, 사실 유한한 자원-부-에너지-인물-사건 등이 연결되고 접속될 무한한 경우의 수를 품고 있다는 점에서 발전이 가능하다. 그런 점에서 '반복(순환)과 진보'는 '발전'이라는 개념에서 통합된다.[43]

이렇게 신승철은 소농공동체를 탄소순환 사회의 토대로 이해하면서도 과거가 아니라 미래로 돌아간다. "'생명순환=탄소순환'이라는 질서의 개방은 단지 오래된 과거에 있었던 소농과 같은 질서의 부활에 머물지는 않을 것이다. 많은 미래진행형적 상상력과 꿈, 열정, 욕망이 여기에 투여될 것이기 때문이다. (…) 탄소순환 사회의 개방은 어찌 보면 과거에 버려졌던 지푸라기, 나무조각, 쇠막대기, 퇴비, 부지깽이, 뒷간 등을 조합해서 새로운 것을 만드는 것일지도 모른다."[44] 요컨대 "유한자의 무한결속"은 다르게 '발전'하는 방법, 즉 미래

---

43   신승철, 앞의 책, 438-439.

44   신승철, 앞의 책, 443.

로 돌아가는 길이다.

　　이것은 우리가 다른 (비)인긴 지연과 관계 맺는 방식을 돌봄으로 극대화하는 것이며, 이를 통해 미래는 하나의 노선에서 벗어나 복수의 사회들로 열리게 된다. 즉, 오늘날 우리를 위기로 몰고 가는 자본의 길을 예전처럼 그대로 따라가는 것이 아니라 극대화된 돌봄의 관계를 따라 다양하게 미래를 만들어갈 수 있을 것이다.

새로운 친족을 만드는 법

　　지금까지의 논의를 정리해보자. 자본주의적 성장에서 벗어나는 탈성장은 탈주뿐 아니라 구성의 의미도 포함한다. 현 질서, 다시 말해 노동에의 사로잡힘에서 벗어나기 위해서는 용기를 낼 수 있는 장이 필요하고 그 장은 서로를 돌보는 관계의 구성에 다름 아니다. 이러한 점에서 탈주와 구성이라는 탈성장의 두 양상은 돌봄 관계로 연결된다. 그러나 그 관계가 우리 일상의 버팀목이 되기 위해선 인간-인간의 관계를 넘어서 땅으로 대표되는 (비인간) 물질과 그 속의 다른 생물종과 돌봄 관계를 맺는 일이 필요하다. 우리는 앞에서 간단하게나마 도시에서 서로 다른 종을 돌보고 땅과 새롭게 관계 맺는 활동을 살펴보았다. 이러한 활동, 즉 땅(과 그곳의 다양한 생명들)과 공통하기는 과거로 회귀하는 길이 아니라 관계 맺기의 양상을 풍부하게 한다는 의미에서 자본주의적이지 않은 방식으로 '발전'하는 법, 미래로 돌아가는 길이다.

만일 우리가 이 길로 들어설 수 있다면 우리에게 남는 문제는 관계 맺기의 양상을 풍부하게 하는 법일 것이다. 그리고 우리는 이에 대한 해답을 돌봄의 속성에서 찾을 수 있다.

달라 코스따가 지적했듯, 돌봄 노동의 중요한 특징 중 하나는 다른 소위 '생산적인' 노동과 달리 완전히 거부하기 어렵다는 것이다. 공장의 기계 따위야 내팽개치면 그만이지만 우리는 우리 자신의 책임감 때문에 돌봄 대상자를 내버려두지 못한다. 우리는 어쨌든 강아지를, 고양이를, 아이를, 노인을 돌보아야 한다. 이는 한편으로는 우리를 소진시키지만 — 이것은 주로 고립된 조건에서 돌봄을 수행할 때 발생하는 일이다 — 다른 한편으로는 우리를 움직이게 만든다. 즉 강아지가 우리를 움직이게 하는 하나의 촉매로 등장하는 것이다. 강아지가 짖으면, 아이가 울면 우리는 움직여야 한다. 이처럼 우리의 움직임이 의식적인 행동이라기보다 촉매(강아지, 아이 등)에 의해 유발된다는 점이 중요하다. 따라서 우리는 이렇게 말할 수 있다. "재생산이라는 문제는 우리의 의식적인 의지로 생겨나지 않는다." 그것은 "줄거리보다는 하나의 흐름처럼 기능하며, 그 안에서 '되기'는 우리가 상상하지 않았던 방식으로 출현한다. (…) 우리는 예기치 못했던 방식으로 의지하고 공유하게 된다. (…) 우리는 우리가 선택하지 않은 새로운 관계로 나아간다."[45] 요컨대 삶의 재생산은 우리의 감각을 활성화하여 연결하고 에너지를 작동시켜 새로운 관계를 만든다. 이 관계에 얽힌 채로 우리 각자는 서로를 돌보면서 '우리'가 된다. 우리는 각자의 이해관계를 조정하면서 관계를 형성하는 것이 아니라 서로를 돌보는 감각 속에서 연결되고 그 연결을 통해 집합적 주체를 이룬다. 그리고 우리는 그러한 연결이 우리가 "상상하지 않았던 방식으로 출현"하면서 '우리'를, 모든 (비)인간 자연을 포함하는 의미에서의 '우리'를 만들어낼 것이라 기대할 수 있다. 그 과정에서 우리는 다르게 '발전'할 수 있다. 파국으로 치닫는 자본주의의 기차를 탈선시키고 새로운 삶의 방식을 만들어내는 탈성장은 이와 같이 돌봄을 통해 연결되는 새로운 친족으로서의 '우리'에서 시작될 수 있다.

45   Bue Rübner Hansen & Manuela Zechner, "Extending the Family: Reflections on the Politics of Kinship," in Camille Barbagallo, Nicholas Beuret and David Harvie, eds., *Commoning: with George Caffentzis and Silvia Federici*, Pluto Press, 2019, 154.

6

기후 돌봄의 정치, 로컬에서 실천하기

한신대 생태문명원

이재경

1. 서론

기후위기가 전 세계적인 위협으로 등장했다. 기후위기는 당장 물과 식량 등 인간의 생존에 필요한 자원을 위협하고 이상고온과 해수면 상승 등을 통해 인간이 살기 어려운 지구를 만들고 있다. 이제 인간의 번성기가 끝나고 대멸종의 시간이 다가오고 있는 것으로 보인다.

동시에 우리는 기후위기와 연결되어 있고 기후위기의 충격을 더욱 심화시키는 돌봄의 위기에도 직면해 있다. 저출생·고령화는 돌봄 위기의 다른 표현이다. 남녀노소 모든 이에게 돌봄이 필요하지만, 온당한 의미에서 돌봄의 필요를 충족하고 있는 이는 그리 많지 않다. 이에 따라 우리는 사회 재생산의 위기에 직면해 있다. 즉, 인구감소·지방소멸을 걱정하기에 앞서 돌봄 위기를 걱정하는 것이 타당하다.

이런 배경에서 기후와 돌봄의 동시 위기에 대한 다양한 논의들이 활발하게 이루어지고 있다. 그간 충분히 논의되지 않았던 주변화된 의제들이 점차 확대되고 주류화되는 것은 반가운 일이다. 그러나 한가지 간과하고 있는 것이 있다. 바로 시간의 문제이다. 기후와 돌봄의 위기가 장기화될수록 해결 가능성은 0에 가까워지고 임계점을 넘어서 파국으로 향할 가능성도 커질 것이다. 즉, 우리에게는 남은 시간이 그리 많지 않다. 이런 맥락에서 실천 전략, 아니 전술이 시급하게 필요하다. 전략 마련에는 시간이 걸린다. 그래서 지금은 전략보다 앞서 또는 전략을 마련하면서 전술에 주력할 필요가 있다.

이러한 전술의 공간으로서 '지역'에 주목할 필요가 있다. 국가는 크고 둔하다. 권한과 자원은 막강하지만 그만큼 집행에 시간이 많이 든다. 많은 시민들이 기후위기를 외치며 비상행동에 돌입해도 고탄소 경제에 근간한 자본의 논리와 성장주의에 포획된 국가는 쉽게 움직이려 하지 않는다. 심지어 원자력발전 확대와 같은 가짜 대안을 제시하기도 한다. 반면, 지역은 권한과 자원은 상대적으로 미약하지만 훨씬 빠르게 변화할 수 있다. 시민들이 나서거나 요구하면 행정의 빠른 움직임이 나타나기도 하고 작은 성공 스토리를 만들고 확산하기에도 좋다. 또한 우리는 코로나19의 경험을 통해 거대한 위기에 맞설 때 지역 차원의 대응이 때로는 국가보다 효과적일 수 있다는 사실을 이미 경험했다.[1]

요컨대, 기후위기 대응을 효과적으로 실천하기 적합한 공간으로서 지역이 중요하며 지역정치를 기후정치로 재구성하는 것이 필요하다. 뒤에서 자세히 설명하겠지만, 기후정

1 유창복·이재경·김다예,《포스트코로나와 로컬뉴딜》, 책숲, 2020.

치의 여러 내용 중에서도 특히 기후 돌봄의 정치가 요구되고 있고, 이는 지역에서 가장 효과적으로 실천될 수 있다고 판단된다. 즉, 여전히 강력한 성장주의의 잔재를 떨치고 탈성장, 돌봄, 행복 등의 가치와 문제의식이 지역사회 안에 가득하도록 변화를 추동해야 한다. 이 글은 이런 문제의식에 대한 시론적 성격을 띤다.

2. 인간과 비인간을 통합하는 기후 돌봄의 정치

기후변화가 기후위기로 심화되고 지구온난화가 지구열대화로 가속화되는 현 시점에서 무엇보다도 기후 회복력 climate resilience의 강화가 중요해진다. 기후변화의 위험이 점점 더 커지고 가시화되기 때문이다. 즉, 기후변화에 따른 위험에 대응하는 능력을 갖추는 것이 모든 정치체에 중차대한 과제가 된다. 이런 맥락에서 기후 돌봄의 정치가 필요하다.

이때 '기후 돌봄'이란 대체 무엇일까? 최소한의 의미에서, 기후 돌봄은 불평등한 세계에서 기후위기로부터 고통받는 취약계층의 삶의 안녕과 복지를 보호하는 방식의 돌봄을 의미한다. 이러한 최소한의 정의는 언뜻 누구라도 수용하기 쉬운 것처럼 보이지만, 동시에 현재의 기후위기 심각성을 고려하면 어쩐지 소극적이라는 느낌을 지우기 어렵다. 더구나 사회구성원의 전체적인 책임성을 흐릿하게 하여 전면적인 실천과 전환으로 나서게 하지 못하는 등 여러 가지 문제를 수반한다.

한편, 더 넓은 의미에서 기후 돌봄은 기후위기 국면에 처해 취약해진 인간의 자기 돌봄, 인간의 자연 돌봄, 더 나아가 인간과 자연의 서로 돌봄 단계로의 이행을 포괄하는 다양한 돌봄 실천으로 정의할 수 있다. 이는 듣기에는 매력적이고 담론 차원에서는 논의가 가능하지만, 추상성이 높아서 구체적인 실천 방안을 마련하는 데 어려움을 겪을 가능성이 크다. 그러나 협의의 정의를 따를 경우, 생태전환의 가능성이 요원하기 때문에 광의의 정의를 어떻게 구체화하고 이를 실천으로 연결할 것인지에 대한 고민이 필요하다. 또한 후술할 기후 돌봄의 정치라는 맥락에서도 광의의 정의가 부합된다.

기후 돌봄의 정치는 결코 인간만의 전유물이 아니다. 이 정치에는 태풍, 폭우, 폭염 등 비인간 행위자들의 역할이 중요한 데다 점차 더 커지고 있다. 우리는 이미 태풍과 폭우로 인해 인간사회의 현실정치가 요동치는 현상을 수시로 목도하고 있다. 물론 인간도 기후에 영향을 미치고 있다. 기후변화는 그 자체로 인간과 지구의 상호작용을 드러내는 것이며 이런 맥락에서 기후변화는 자연적인 현상인 동시에 정치적인 성격을 띤다.

기후 돌봄에 대한 협의와 광의의 정의를 따른다면,

기후 돌봄의 정치 역시 좁은 의미로는 기후위기 충격의 정치적 배분에 관한 것으로, 넓은 의미로는 인간뿐만 아니라 비인간 행위자 역시 정치적 행위자로 간주되는 정치로 정의할 수 있다. 전자는 정의로운 전환, 돌봄 민주주의caring democracy와 같은 내용들로 구성되며, 후자는 사물정치와 생명정치, 행성 정치학Planet Politics 등의 개념들과 연결된다. 이제는 익숙해진 '인류세'라는 담론도 비인간 존재들을 인류와 함께 거대한 지구 이야기를 구성해가는 행위 주체로 인식하는 가운데 기존의 인간중심적 세계관에서 벗어날 것을 주장하므로 후자와 맞물린다.[2]

기후돌봄의 정치와 정의의 문제

정치의 맥락에서 기후와 돌봄에 관한 최근의 논의는 주로 '정의justice'를 둘러싸고 진행되는 양상이다. 즉, 기후정의와 돌봄정의가 각기 강조되는 모습이다. 트론토Tronto는 '돌봄 민주주의'를 제시하며 돌봄을 사회구성원 누구나 맡아야 하는 일로 규정하고 이를 정치적 과정을 통해 공적으로 배분해야 한다고 주장했다.[3] 즉, 지금까지 여성과 가정의 역할로

---

2 차태서, 「포스트휴먼 시대 행성 정치학의 모색: 코로나19/기후변화 비상사태와 인류세의 정치」, 국제정치연구, 2021, 24(4).

3 조안 C. 트론토, 김희강·나성원 옮김, 《돌봄 민주주의》, 아포리아, 2014.

인식되었던 돌봄을 모든 사회구성원으로 확대하고 이를 기존의 관행대로 할 것이 아니라 민주적 절차를 거쳐 배분하자는 것이다. 이때 핵심은, 돌봄이 특정 집단에 한정된 것이 아니라 시민 모두의 책임이라는 것이다.[4]

이는 기후위기에서도 마찬가지이다. 글로벌 북부Global North, 석유기업 등 에너지 분야, 막대한 에너지를 사용하는 산업 분야 등에 더 많은 책임이 있다는 것은 분명하다. 그러나 현 시점에서 책임은 인류 전체, 즉 모든 개인이 나눠 맡을 수밖에 없다. 글로벌 북부와 자본에게 책임을 묻는 것은 그 자체로는 정의롭지만, 인류의 생존에는 그다지 유리하지 않다. 크게 두 가지 이유에서이다. 첫째, 글로벌 북부와 자본이 설령 그 책임을 수용하더라도 의미 있는 변화가 일어나기까지는 시간이 너무 많이 걸릴 것으로 예상되기 때문이다. 둘째, 국가적 차원에서는 자칫 이런 정의론이 다수의 대중에게 일종의 면죄부를 주고 그들의 책임회피 논리로 기능할 가능성이 크기 때문이다.

그러므로 기후 돌봄 정치의 시작은 현재의 기후위기가 우리 모두의, 적어도 대다수의 책임임을 선언하고 출발하

---

4   송다영, 「돌봄정책의 새판짜기는 어떻게 가능한가? 돌봄윤리 관점에서의 돌봄정책에 대한 비판적 고찰」, 비판사회정책, 2022, 77: 207-208.

는 것이다. 그러나 이것이 앞서 말한 기후부정의를 용인하는 것은 아니다. 다만 무위당 장일순의 표현을 빌리자면 "배고픈 사람에게 밥을 주는 것"[5](기후위기를 극복하기 위해 당장 실천하는 것)이 기후정의를 실현하는 것보다 더 급하다는 것이다. 예를 들어, 치매 상태의 할아버지를 제대로 돌보기 위해서는 주체가 엄마에서 아빠로 바뀌는 것이 아니라 모든 가족과 이웃 그리고 사회시스템이 돌봄의 책임을 함께 지는 것이 필요하다. 이를 좀 더 쉽게 돌봄의 언어로 바꾼다면, 모든 인간은 혼자서는 살 수 없기에 누구나 돌봄받을 필요가 있으며, 반대로 다른 대상에 대해서도 돌봄을 제공할 윤리적 의무가 있다.[6] 즉, 부정의와 책임을 이유로 이러한 기후 돌봄의 의무를 회피할 수는 없다. 돌봄을 뜻하는 영어 단어 care의 어원에는 "불안, 슬픔, 불행, 고충" 등의 뜻이 담겨 있다고 한다.[7] 즉, 그만큼 돌봄은 어렵고 힘든 일이며 심지어 가족 안에서도 제대로 이루어지지 않는 것이 현실이다. 이러한 돌봄을 타자에게 행한다는 것은 결코 쉽지 않은 일이다. 그럼에도 돌봄은 모두의 책임이며 기후 돌봄 역시 모든 존재에게 요구되는 시대적

5   장일순, 《나라 한 알 속의 우주》, 녹색평론사, 2022, 94-96.

6   송다영, 위의 논문, 218.

7   더 케어 컬렉티브, 정소영 옮김, 《돌봄선언》, 니케북스, 2021.

요청이다.

이런 맥락에서 정의론은 문제를 더욱 어렵게 만들 가능성이 크다. 기후 돌봄의 정치는 정의의 잣대로 책임 주체와 그 바깥을 또는 가해자와 피해자를 이분법적으로 구분하는 것을 경계해야 한다. 무위당 장일순은 혁명조차 "보듬어 안는 것"이라고 생각했다. 인간에 대한 애정을 기본으로 잘못된 생각을 가지고 있는 사람 역시 "한 포기의 풀과 같이" 존경하고 그릇된 것조차 포용해야 한다는 것이다.[8] 이것이 부정의에 대한 용인으로 잘못 이해되어서는 안 될 것이다. 문제가 되는 상황에 옳고 그름의 잣대로만 접근했을 때 오히려 부정의가 해결되지 않거나 진정한 변화가 나타나지 않을 수 있음을 지적한 것으로 봐야 할 것이다. 보다 근본적으로 지금의 기후정의론은 주로 분배적 정의에 천착하여 자연을 포함한 비인간 존재를 고려하는 데 실패하고 있다.[9]

---

8 장일순, 앞의 책, 163.

9 물론 기후정의론 안에서 인정적 기후정의는 분배-생산-절차적 정의 논의와 매우 다르다. 이는 비인간과 타자의 문화에 대한 상호인정을 포함한다. 기후변화에 따른 피해는 비인간 존재에게도 영향을 미치며 인정적 기후정의의 맥락에서는 멸종되는 생명에 대한 보전과 보호가 중요한 과제가 된다. 한상운 외, 《기후정의 실현을 위한 정책 개선방안 연구》, 한국환경연구원, 2019, 19-20.

자연과 비인간 존재를 포함하는
기후 돌봄의 정치

기후위기로부터 벗어나는 생태적 전환을 이루어내기 위해서는 인간중심주의를 넘어서 자연과 비인간을 모두 돌봄 대상으로 삼는 기후 돌봄의 정치가 필요하다. 광의의 기후 돌봄 관점에서 전환은 비단 인간을 살리는 데 국한하는 것이 아니라 생태계와 모든 생물, 심지어 사물까지도 살리는 방향으로 가야 한다. 그렇지 않으면 기후위기의 근본 해법은 시도조차 못한 채 국가의 공적 책임을 강조하거나 기술론적 해결책으로 흘러갈 가능성이 커진다.

이러한 광의의 기후 돌봄 정치의 단초는 이미 곳곳에 존재하고 있다. 예를 들어, 김대중 전 대통령은 이미 1990년대에 지구민주주의 개념을 다음처럼 제시하고 있다.

우리의 민주주의는 하늘과 땅과 그 안에 있는 모든 것들을 참다운 형제애로 감싼다는 의미의 지구민주주의가 되어야 한다. (…) 우리는 모든 인간이 자기 발전의 권리를 보장받을 뿐만 아니라 모든 생물과 무생물까지도 건전한 존재의 권리가 보장되는 새로

운 민주주의를 실현하기 위해 노력할 필요가 있다.[10]

　　이는 모든 존재에는 '한울'이 내재해 있기 때문에 어
느 것도 무시하지 않고 '공경'해야 한다는 해월 최시형의 삼경
三敬 사상과도 궤를 같이 한다.[11] 정치가 개인이 아닌 집합적
실천과 직결된다는 점에서 기후 돌봄 정치는 해월 삼경 사상
의 구체적 실천론인 십무천十毋天 등과도 연결될 수 있다.[12]

　　후술하겠지만, 지금 전 세계적으로 지구법학에 근
거한 '자연의 권리' 운동이 다양한 형태로 활발히 전개되고 있
다. 존재 그 자체에서 권리를 인정하고 권력이 아니라 거주에
서 권리의 원천을 찾는 '권리의 정치' 개념을 차용하자면, 자
연의 권리 사상은 정치 주체인 자연을 재인식하도록 만들고
정치공동체의 일원으로서 자연의 지위를 충분히 인정하도록

10　조성환 · 이우진, 「동학사상의 지구민주주의적 해석」, 유학연구,
2022, 60호.

11　삼경사상에서 삼경은 사람이 공경해야 할 세 가지로 하늘, 사람, 만
물에 대한 공경을 뜻한다. 이중에서 만물에 대한 공경은 해월 선생이 나
막신을 신고 빠르게 걷는 아이의 모습을 보며 땅을 걱정하며 가슴 아파
했다는 일화에서 잘 나타난다. 하늘과 사람을 넘어선 만물에 대한 공경
은 우주가 하나의 생명이라는 놀라운 발견으로서 기후위기 시대에 매우
중요한 의미를 가진다고 볼 수 있다.

12　해월 최시형 선생이 생명존중을 위해 제시한 10가지 계율이다.

만든다.[13] 나아가 모든 도시민은 집단적 예술활동으로서 도시를 창작할 권리를 가지고 있고 따라서 도시는 일종의 커먼즈라는 앙리 르페브르Henri Lefebvre의 주장을 수용한다면, 우리가 살고 있는 도시에 대한 권리를 도시 안팎의 땅과 산, 강과 하천, 숲 역시 공유하고 있고 인간은 그들과의 상호작용을 통해 오늘날 도시라는 예술작품을 공동으로 만들어낸 것으로 볼 수 있다.[14] 르페브르의 시각에서 보면, 예를 들어, 서울은 서울 시민만이 아니라 한강과 북한산, 관악산과 청계천이 함께 만든 커먼즈이며 이러한 비인간 존재가 서울을 만들어낸 행위 주체의 일부로서 인정되어야 한다.

3. 기후 돌봄 정치의 진지로서의 지역

그렇다면 기후 돌봄의 정치는 어떻게 실천 가능할까? 우선, 어디에서 이것이 가능하고 또 효과적일까라는 문제부터 짚어보자. 중앙정부와 지방정부 중 누가 더 기후위기 대응에 적극적인 역할을 수행해야 하는지를 둘러싼 논쟁이 있

---

13 권리의 정치에 관해서는 다음을 참조. 홍태영, 「타자의 윤리와 환대 그리고 권리의 정치」, 국제·지역연구, 2018, 27(1): 87-112.

14 강현수, 《도시에 대한 권리》, 책세상, 2021.

다.[15] 중앙정부는 권한도 있고 상당한 정보와 제도적 역량을 구축하고 있다. 반면, 지방정부는 권한과 제도도 불분명하고 정보와 역량도 부족한 것이 현실이다.[16] 그러나 역으로 국가 권력과 자본주의에 포획된 현재의 중앙정치 그리고 정당 시스템에서 기후 돌봄의 정치가 제대로 자리를 잡을 것이라고는 기대하기 어렵다. 예를 들어, 기후변화에 대응하기 위해 다양한 이해관계자의 이익을 조정하고 중요 정보 습득의 기회를 제공하는 정당의 역할은 중요하다.[17] 그러나 기후위기 관련 사안은 당파적 이슈이기 때문에 정당간 합의 도출이 쉽지 않고, 특히 현재 한국의 양극화된 정당 체계에서 국가적 의제로 설정되어 안정적으로 추진되기는 더더욱 어렵다. 이 점은 문재인 정부에서 윤석열 정부로의 정권교체에 따른 기후위기 정책의 극적 변화를 통해 이미 생생하게 확인되고 있다. 또한 국내 양대 정당 어디에서도 탈성장과 같은 적극적인 기후위기 대응의 목소리는 들리지 않으며, 여전히 경제성장 공약이 강조되고 있다. 아울러, 기후위기에 적극적인 제3정

15 이태화, 「문헌 고찰을 통해 본 우리나라 지방정부의 기후변화대응 정책-보충성의 원칙을 중심으로」, 한국지방자치학회보 , 2021, 3(3).

16 양철 · 정윤희 · 김정섭, 「에너지 전환과 지방자치단체의 역할 범위-강원 2040 탄소중립을 중심으로」, 환경법과 정책, 2021, 27집.

17 김수진, 「녹색전환의 국가 정당화 의무: 기후위기 대응을 위한 정당 정치의 중요성」, 경제와사회, 2023, 137:23.

당(정의당, 녹색당 등)의 목소리는 정책협상의 대상이 되지 못하고 주변화되어 있다.[18] 이런 답답한 현실에서 기후 돌봄의 정치가 발화되고 확산될 틈새는 지역일 가능성이 크다.

적극적 기후위기 대응으로서의 탈성장의 실천 역시 로컬에서 출발하는 것이 현실적이다. 탈성장론이 주장하는 생태친화적 생산과 소비 축소, 지역공동체와 협동조합 중심의 탈중심적 삶을 실험할 가능성의 공간이 바로 지역이기 때문이다.

중앙정부가 추진할 각종 기후위기 대응 정책들로 인해 충격을 입는 곳 역시 로컬일 것이다. 예를 들어, 국가 차원에서 에너지 전환 정책의 전면적 시행 같은 재구조화가 나타난다면, 그 파장은 단지 하나의 산업 현장에 국한되지 않을 것이다.[19] 쉽게 말해 전기차가 확산되면 기존의 자동차 정비업체가 감소하고 주유소가 문을 닫게 된다. 자동차 공장의 노동자들은 '정의로운 전환'을 통해 전기차 공장의 노동자로 이직할 수 있을지도 모르지만, 정비업체와 주유소의 더욱 열악한 노동자들은 실업이나 보다 열악한 노동 조건에 처할 확률이 크다. 그리고 지금까지의 경험을 반추하면, 이러한 전환의

---

18 김수진, 같은 논문, 36.

19 정태석, 「한국 사회의 정의로운 생태 전환 논쟁과 생태 정치 전략의 성찰」, 경제와사회, 2023, 137: 60-61.

충격은 지역사회와 지방정부가 고스란히 떠안게 될 것이다. 우리는 이미 군산(조선소), 평택(쌍용차) 등의 사례에서 미래에 펼쳐질 가능성이 높은 유사한 시나리오를 목도한 바 있다. 이런 맥락에서도 기후 돌봄의 정치가 로컬에서 굳건한 진지를 구축하면서 불확실한 미래를 대비할 필요가 있다.

기후 돌봄의 정치에서 지역이 중요한 이유가 하나 더 있다. 그것은 바로 '속도'이다. 오늘날 시대적 화두로서 떠오르는 '전환'은 지금의 기후위기가 얼마나 시급하고 심각한지를 드러내는 표현일 것이다.[20] 지금은 전환의 방향을 두고 갑론을박할 때가 아니라 어떻게 전환의 속도를 끌어올릴지를 고민할 시기이다. 전환의 속도를 높일 수 있는 현실적 공간이 바로 지역이다. 2010년대 마을공동체, 사회적경제, 도시재생 등의 사회혁신정책은 서울을 비롯한 지방정부가 주도했고, 그린뉴딜을 포함한 기후위기에 대응하는 다양한 정책 실험 역시 마찬가지였다. 즉, 속도가 더딘 중앙정치, 중앙정부보다 지역정치와 지방정부가 훨씬 더 빠르게 전환 정책을 추진할 수 있다. 이는 물론 지역 차원에서 기후 돌봄의 정치가 작동했을 때 가능한 예측이다.

---

20   정태석, 같은 논문, 44.

4. 지역 기후 돌봄 정치, 그 구체적 대안

그렇다면 지역 차원에서 기후 돌봄의 정치는 어떤 식으로 작동할 수 있을까? 우선, 기후 돌봄의 정치 자체를 커머닝commoning하는 것이 필요해 보인다. 장기간 지속될 기후 위기의 물리적 속성상, 기후정치는 단체장과 지방의원의 교체와는 무관하게 지역에서 줄곧 지속되어야만 비로소 유의미한 정치라는 것을 기억해야 한다. 최근의 지방선거를 통해 우리는 선거에 따른 리더십의 교체가 여러 지역혁신의 성과를 무력화하는 현상을 생생하게 목도하고 있다. 즉, 특정 개인이나 정당이 기후정치를 사유화하지 못하도록 하면서 이를 지역공동체 전체의 커먼즈로 만드는 경로를 개발해야 한다. 다시 말해 기후 돌봄 정치를 커머닝해야 한다는 과업이 우리에게 있다.

그리고 바로 이 과업의 효과적 수행을 위해 우선 청소년, 청년, 노동자, 빈곤층, 장애인, 페미니스트, 돌봄 제공자, 비건, 50+(또는 60+)세대 등 기후위기의 잠재적 취약집단을 묶어 기후정치동맹을 만들어낼 필요가 있다.[21] 지금까지 지역사회에서 이 그룹들은 각기 분리되어 있고 개별적으

21   이광석, 「'탈'인류세의 기후 생태 정치학을 위하여」, 문화/과학, 2022, 109호.

로 활동하느라 쉽게 연결되지 못했다. 당장은 딱딱한 조직체가 아니라 느슨한 연결망 정도로 동맹이 구성되는 것이 현실적일 것이다. 이러한 형태의 지역 기후정치동맹이 구성된다면, 할 수 있고 해야 할 일은 많다. 기성 정당들의 기후위기 정책에 대한 비교연구, 토론회 개최, 지역별 우수 정책의 공유와 도입, 기후재난 지역 대응 사례의 평가 공유, 지역별 자조모임의 결성과 상호연결, 기후취약계층 지원정책의 공론화와 대 정부 요구, 지역 내 자연물의 권리 선언 등이 그것이다. 이러한 노력들이, 기후행동이 기후정치 행동으로 확산하는 데 핵심적인 역할을 수행하게 될 것이다.

한편, 기후위기에 보다 효과적으로 대응하기 위해서는 지금보다 훨씬 더 광범위한 대중을 결속시키는 새로운 지역 공동체의 모색이 필요하다. 기후위기비상행동, 에너지자립마을 등 현재의 방식은 주로 관련 커뮤니티를 강화하는 방식으로 볼 수 있다. 이러한 방식은 분명 시민들의 관련 행동을 촉진하는 데 기여했다.[22] 그러나 커뮤니티 참여에 소극적인 대다수의 주민들을 포용하는 데는 한계가 있었다. 즉, 공동체에 편입된 구성원들 사이에 내부적인 교류를 통한 행동(강화)에

---

22 노하은, 「시민들은 '왜' 폐기물 문제 해결을 위해 행동하는가? : 국내 제로웨이스트 활동가 사례연구」, 서울대학교 환경계획학과 석사논문, 2020.

는 유리하지만, 반대로 공동체 진입 자체를 꺼리거나 어려워 하는 주민들의 실천을 촉진하는 데는 어려움이 있다. 이를 해 결하기 위해서는 시민의 일상적 삶과 욕망, 정서, 필요에 공 감하고 반응하는 방식의 연대가 중요하다.[23] 이러한 연대를 구현할 공동체가 있다면 그것은 기존의 정치공동체와는 다 른, 무엇보다도 커먼즈에 기초한 살림공동체일 것이다.[24] 예 를 들어, 지역에서 공동체 텃밭 같은 다양한 공동자원의 확 보, 공동체 돌봄 확대 등을 통해 개인의 살림살이를 실제로 지원하는 지역 살림공동체를 형성·강화하면, 이것이 소득과 소비에 대한 삶의 의존도를 줄이면서 탈상품화 경향을 강화 하고 소비 중독으로부터 벗어날 기회를 열 것이다. 무엇보다 도 이러한 공동체는 일상의 실천을 공유하고 서로 응원하고 외부에서 접근이 쉽고 활동의 필요성이 인정되기 때문에, 단 기적으로는 네트워크를 구성하고 중장기적으로는 정치적 조 직화의 장을 형성하는 데도 힘을 줄 수 있다. 커먼즈라는 추 상적 개념이 공동의 텃밭과 돌봄을 통해 시민의 삶에 구체적

23 장용창, 「지역의 시민들은 어떤 기후변화 대응 정책을 선호하는가?: 순천시의 사례」, 한국지방자치연구, 2021, 23(1).

24 이때 살림공동체는 가정과 마을에서 물질적, 정신적 재화를 조달 한다는 의미를 가지며 서양에서는 집을 뜻하는 '오이코스Oikos'와 연결 된 단어로 정의된다(신진식, 「살림공동체 사상에 대한 시론(試論)-동학 의 살림 사상을 중심으로」, 공자학, 2020, 41호).

으로 와닿게 되는 부수적 효과도 기대할 수 있다.[25] 이 살림공
동체 역시 딱딱한 연대가 아니라 느슨한 연대의 공동체가 최
적의 형식일 것이다.

　　그러나 오해해서는 안 된다. 궁극적인 지향점은 기
후 돌봄을 위한 살림공동체를 만들고 확대하는 것에 그치는
것이 아니라 이러한 다양한 살림공동체를 기후 돌봄 정치를
위한 정치공동체로 전환하는 것이어야 한다. 이러한 전환에
실패할 경우, 소규모 자급자족과 자치에 머무르거나 일종의
그들만의 공동체로 게토화될 가능성도 있다. 살림공동체로
축적된 역량이 정치공동체로 전환될 때만 비로소 기후 돌봄
의 정치가 실현 가능하고, 생태전환이라는 거대한 사회적 변
화도 가능해질 것이다.

협치를 통한 기후 돌봄 정치의 확대

　　지역 차원에서 생태전환의 경로는 지방정부와 민관
협력, 협치의 틀을 강화하는 것에서 시작될 것이다. 지방선

25　필자가 연구자로 참여했던 서울시 강북구 번2동 로컬랩 사례에서는
마을의 골칫거리인 버려진 관리되지 않은 숲과 텃밭 공간(폐기물 무단투
기의 공간으로 전락)이 마을공동체의 개입을 통해 커머닝되면서 주민들
이 이를 커먼즈(공동체정원)로 인식하는 과정을 확인할 수 있다. 관련하
여 다음을 참고. 서울시마을공동체 공식블로그(https://blog.naver.com/
seoulmaeul2020/222079514691)

거 결과에 따라 여러 부침이 있었지만 시민 참여와 민관협치
는 비교적 꾸준하게 발전하고 있다. 그런데 예상 외로 환경·
기후위기 분야의 협치가 저발전되어 있고, 이러한 경향은 기
초지자체로 갈수록 강해진다.[26] 예를 들어, 서울시에는 녹색
서울시민위원회가 자체적인 근거 조례도 갖추고 있으면서 당
연직 위원으로 서울시장의 참여를 명문화하고 다양한 활동을
전개하는 데 반해, 자치구 단위에서는 관련 거버넌스가 잘 보
이지 않는다.[27] 이는 두 가지 원인에서 비롯된다. 첫째, 그동
안 지방정부 차원에서는 관련 행정조직과 정책이 빈약했기
때문에 민관협치 역시 상응하는 수준으로 전개되었다. 둘째,
관련 영역이 일정한 전문성을 요구하기 때문에 관련 협치기
구로서 위원회가 존재하더라도 대부분 "관련 학식과 경험이
풍부한 사람 중에서 구청장이 위촉하는 사람"으로 한정되어
일반시민의 참여가 제한되었기 때문이다.[28] 그러나 이제 이러
한 흐름이 달라져야 한다. 이제 기후위기가 전면화되고 있고

26　고재경·이우평, 「지역의 기후변화 적응 거버넌스 연구」, 경기개발
연구원 기본연구, 2015.

27　2022년과 2023년에 집중적으로 제정된 〈탄소중립·녹색성장 기본
조례〉에 근거한 탄소중립녹색성장위원회가 향후 기초지자체 기후위기
관련 핵심 거버넌스로서 역할을 할 가능성은 존재한다.

28　법제처 국가법령정보센터(www.law.go.kr)를 활용하여 지자체 조
례를 살펴보면 다수의 위원회 사례에서 이러한 조항을 확인할 수 있다.

당사자로서 시민의 참여와 역할이 긴요하다는 점에 관해서는 이견이 없을 것이다. 그렇다면 관련 위원회 등 협치 제도의 마련, 시민의 협치 참여 보장, 기후위기의 직접적 피해자로서 청소년 등의 참여 확대를 요구해야 한다. 관련 근거 조례가 다수 존재하기 때문에 이러한 요구가 현실로 반영되는 것은 그다지 어려운 일은 아닐 것으로 판단된다.

지역 차원에서의 자연의 권리 운동

광의의 기후 돌봄과 기후 돌봄 정치를 위해 강조하고 싶은 것은 바로 자연의 권리를 지역적 차원에서 보장하는 새로운 운동을 전개하는 것이다. 국내에서는 아직 활발하지 않지만 에콰도르(헌법에 자연의 권리 조항 신설), 볼리비아(어머니지구법 입법), 뉴질랜드(산림과 강에 법인격 부여), 콜롬비아(대법원이 아마존을 권리주체로 판시), 인도(우타라칸드법원이 강의 권리를 인정), 미국(일부 지자체에서 자연의 권리에 관한 조례 제정) 등에서는 다양한 형태로 자연의 권리 운동이 전개되어 적지 않은 성과를 거두었다.[29] 한국도 지역마다 지역의 자랑으로 소개되곤 하는 산, 강, 하천, 숲 등 여러 자연물이 존재한다. 이들을 단지 지역의 상징이나 관광자원으로만

---

29 박태현, 「자연의 권리론」, 환경법연구, 2022, 44(3).

활용할 것이 아니라 일정한 권리를 지니며 적절한 돌봄을 받아 마땅한 존재로서 재인식하는 것이 필요하다. 무엇보다도 자연의 권리를 강조하는 것은 인간중심주의에서 탈피하고 기후 돌봄의 관점을 비인간으로 확대하기 위한 노력의 일환이다. 이러한 관점의 해방은 사람들을 기후위기에 좀 더 적극적으로 나서게 하고, 단지 인간만이 아니라 이웃하고 있는 산과 강, 하천과 숲 등의 자연까지도 고려하게 함으로써 '난잡한 돌봄'이 확대되는 데 도움이 될 것이다. 사실 지역사회 구성원들의 심성에는 이미 지역의 자연에 대한 존중과 경외, 애착이 착근되어 있는 경우가 많다. 예를 들어, 북한산국립공원 일대 지자체 주민들의 인식조사에서 북한산은 '자부심'과 '행복'의 의미로 표출된다. 지리산국립공원 일대 주민과 자연의 관계도 마찬가지이다.[30] 그러니 지역에서 자연의 권리를 주장하는 것은 새로운 어떤 것이 아니라 어쩌면 이미 오랫동안 존재했지만 표면적으로 드러나지 않았던, 인간과 자연의 상호 돌봄의 느낌과 관계를 그저 표면 위로 드러내는 것일지도 모른다.

삶은 문제해결의 연속이라는 칼 포퍼Karl Popper의 표현 또는 삶은 고통(生即苦)이라는 불교의 표현처럼 보수적인 현재의 한국 지역정치 현실에서 기후위기를 주류의제화하는

---

30   권혜윤, 「지리산국립공원과 마을 주민의 자연 보호 관념과 실천」, 서울대학교 인류학과 석사논문, 2022.

일은 어려움의 연속일 것이다. 기후 돌봄의 정치에서 지역의 중요성과 가능성이 높은 것은 분명하지만, 현실의 벽은 높다. 우선, 지역주민들의 무관심(예: 모든 선거에서 가장 낮은 투표율)과 중앙정치에 대한 예속상태(예: 공천권)에서 지역정치가 기후 돌봄의 정치로 자연스럽게 전환되기를 기대하기란 어렵다.

전환의 돌파구로서 우리는 쉽게 '시민 참여'를 언급하곤 한다. 하지만 1990년대 초반 지방자치제도가 부활한 이후 2000년대 이후 주민 참여예산제, 주민자치회 등의 제도개선이 나타났고, 마을공동체, 도시재생 등 다양한 정책사업을 통해 주민 참여를 촉진했음에도 성과는 여전히 빈약한 것이 현실이다.[31]

난관은 이것만이 아니다. 기후위기에 대한 설득력 있는 대안 자체가 보이지 않는다. 인간은 그동안 이미 너무 많은 탄소를 배출했고 우리가 지금 당장 이 배출을 멈춘다고 해도 온난화의 가속과 그 충격을 막기는 힘겨울 것으로 보인다.

그러나 이것이 대안과 희망을 포기하자는 말과 동의어가 되어서는 안 될 것이다. 기후변화는 향후 우리의 삶 전

---

31 이재경, 『서울시 도시재생정책 분석: 경쟁적 커먼즈 개념을 중심으로』, 성균관대학교 정치외교학과 박사논문, 2021.

체를 관통하는 문제가 될 것이고, 나아가 미래세대에게도 계속되는 어려움일 것이다. 우리는 이미 코로나19를 경험하면서 '포에버 코로나Forever Covid-19'라는 절망을 경험한 바 있다. 코로나는 완전히 종식되지 않았고, 아픔도 계속되고 있으며, 아마 가까운 시일 내에 새로운 전염병으로 돌아오겠지만, 최소한 우리는 지금 마스크를 내려놓고 이 자리에 있다. 도나 해러웨이Dona Haraway의 제안처럼 우리는 '골칫거리와 함께하기Staying with trouble'에 익숙해질 필요가 있다. 앞서 말한 것처럼, 시간이 없는 긴박한 상황이지만 전환을 위한 행동이 가속화할 것이라고 쉽게 낙관할 수 없다. 그렇다면 무언가 나아질 것이라는 희망을 품고 지역에서 끈기 있게 작은 실천을 행하고 소비를 줄이고 사람들을 조직하는 것이 필요하다.

5. 저감과 적응, 두 갈래 기후정치/정책의 병행

현 한국사회의 지역이라는 맥락에서 기후 돌봄과 기후 돌봄의 정치는 매우 미약하다. 그러나 앞으로 기후위기가 심화되면서 시민들의 고통과 문제의식은 확산될 것이고 기후 돌봄의 정치가 일정한 헤게모니를 차지할 가능성이 크다. 다만 저감이나 감축을 도외시하고 기후변화 적응 쪽으로 기울어질 가능성이 크다는 점은 경계할 필요가 있다. 국제적인 흐름을 보면 1988년 기후변화에 관한 정부간 협의체IPCC가 출범한 이래 1992년 기후변화협약, 1997년 교토의정서까지 주로 탄소 감축이 글로벌 의제였지만, 교토의정서가 유명무실해지고 거의 20년 가까이 지나 2015년 파리협정이 채택되면서 기후변화 적응이라는 의제가 저감과 비슷한 중요도를 점하는 데 이르렀다.[32] 저감에 비해 적응의 역사는 상대적으로 짧고 아직까지는 국내외적으로 저감 정책이 적응 정책에 비해 많고 예산도 더 많이 투입되고 있다는 것이 일반적인 분석이다.[33] 그러나 분명 적응 정책의 주류화가 가속화되고 있고, 한국보다 도시의 기후변화정책이 발전한 유럽에서도 일부 지역에서 적응 정책이 저감 정책보다 많은 사례들이 발견되는

---

32 국제적 차원에서 적응이 본격적으로 강조되기 시작한 것은 2010년 〈기후변화협약 제16차 당사국총회(COP-16)〉부터라는 설명도 있다. 이에 관해서는 다음을 참고. 김홍균, 「기후변화에 대한 대응: 기후변화적응법의 제정」, 법제연구, 2015, 48: 187).

33 2020년 7월 "탄소중립 지방정부 실천연대"를 조직하고 2021년 5월에 모든 지방자치단체(광역 17개, 기초 226개)가 탄소중립선언을 하는 등 표면적으로 한국 지자체들의 탄소중립에 대한 의지는 높아 보인다. 그러나 실상을 살펴보면, 관련 기본계획을 수립하지 않은 사례가 대부분이고 별도의 재원을 마련할 계획이 없는 곳이 90% 이상인 것으로 나타났다. 이에 관해서는 다음을 참고. 박진경·김현호·이원도, 「탄소중립을 향한 지방자치단체 정책추진 강화방안」, 한국지방행정연구원 기본연구과제, 2022.

양상이 포착되고 있다.[34]

기후변화의 거대함과 괴멸적 효과를 고려할 때, 저감과 적응 중 어느 하나를 선택할 것이 아니라 둘을 통합하는 접근법이 필요하다.[35] 또한 저감과 적응은 양자를 무 자르듯이 구분할 수 없고 실제로 중첩의 영역도 있기 때문에 통합적 접근이 수월할 것이다.

적응 중심 접근의 주류화

그러나 적응의 이익이 국지적으로 발생하기 때문에 정책효능감이 크고 무엇보다도 지금까지 지방정부의 정책 패턴에 익숙한 방식이기 때문에 지역의 맥락에서는 저감보다는 적응이 훨씬 더 손쉬운 선택이 된다. 보다 구체적으로는 다음과 같은 원인을 거론해볼 수 있을 것이다.

첫째, 기후변화는 장기현상이기 때문에 단기간에 효과를 확인할 수 없다. 저감을 통해서는 눈앞의 경제적 손실은 명확한 반면, 기후 개선에 관한 가시적 성과가 잘 보이지 않기 때문에 시도도 어렵고 포기도 빨리 이루어진다.

둘째, 저감의 이익이 공유화되기 때문이다. 정치가

34 이태동, 《기후변화와 도시 감축과 적응》, 명인문화사, 2023, 276.

35 이태동, 같은 책, 141.

배분의 문제라면, 저감의 정치는 그 책임과 이익을 모두에게 배분하기 때문에 매력적이지 않다. 반면, 적응의 정치는 이익이 국지적으로 배분될 확률이 높고 무엇보다도 현재 삶의 방식을 유지하면서 기후변화에 대비한다는 측면에서 쉽게 다가온다.

셋째, 지역에서 적응의 정치가 지배적인 이유는 우선, 글로벌 흐름과 국가정책의 산물이다. 감축 관련 국제협약의 실효성 문제, 산업발전을 저해한다는 인식과 저항 등에 따라 글로벌 차원과 국내 차원에서도 저감의 정치는 이미 주변화되었다. 다른 한편으로 이는 어떤 단일한 중앙집중적 통제를 거부하는 자유주의 국제질서와 정치철학의 결과물이기도 하다.[36]

이런 배경에서 저감보다는 적응이 손쉬운 대책이 되는 것이다. 이런 맥락의 연장선상에서 지역정치 내부에서도 적응이 손쉬운 합의가 된다. 기후취약계층은 대부분 사회경제적 취약계층과 중첩되며 이들을 돕겠다는 것은 정의로운 일이 된다. 반면, 저감을 위해 사업주들에게 더 많은 환경 관련 투자를 요구하고 벌금을 부과하는 것, 아파트 등의 공동주택에 재생에너지 설비를 추가하고 저탄소공법으로 공사를 하

36   조엘 웨인라이트 · 제프 만, 장용준 옮김, 《기후 리바이어던》, 앨피, 2023.

도록 하는 것은 이른바 비용이 발생하기 때문에 당사자들의 저항이 발생하고 다툼이 생겨난다.[37]

　　넷째, 제도적 경로의존성 역시 중요한 요인이다. 지역 차원에서 저감 또는 감축을 위한 제도는 극히 빈약한 반면, 상대적으로 적응의 제도와 정책은 풍부한 편이다. 저감은 완전히 새로운 길이지만 적응은 이미 일정한 역사와 경험이 축적되어 있을 뿐만 아니라 여러 제도적 근거를 통해 뒷받침되고 있다. 쉽게 말해, 저감 대책은 지방정부에게 완전히 새로운 골치덩어리 과제이지만 적응 대책의 경우 기존에 시행하고 있는 정책을 묶어내기만 하면 된다.

　　다섯째, 기후위기에 대한 인식 부족과 함께 저감 실천을 위한 상상력의 빈곤도 중요한 원인일 것이다. 즉, 인간과 자연의 관계를 보지 못하며 대안을 구상하지 못하는 생태적 상상력의 부족이 큰 원인이다.[38] 이런 여건이기에 어떻게 경제적 손실을 줄이고 폭우와 폭염을 피하고 기후변화의 고

37　현재 기초지자체가 행사할 수 있는 몇 안 되는 환경관련 권한 중에 '종량제봉투 가격 결정권'이 있다. 현재 봉투 가격은 서울의 경우 폐기물 처리비용의 100%가 아니라 70%를 감당할 정도로 낮은 비용이지만 대부분의 지자체는 가격인상을 하지 못하고 있다. 이런 현실을 고려하면 추가적인 비용과 부담이 발생하는 저감 정책을 실시하는 것은 쉽지 않은 선택이 된다.

38　노희정, 「기후변화시대의 생태학적 상상력」, 초등도덕교육, 2023, 81: 259-281.

통을 줄일 것일지에 대한 고민만 남고, 인간 존재의 조건인 다른 비인간 존재들의 고통과 멸종에 대해서는 무심하게 되는 것이다. 달리 말해 이들의 고통을 외면하고 돌보지 못하는 것이 곧 인간 멸종의 시작임을 감히 상상하지 못하는 것이다.

적응 중심 접근법의 이중성

이러한 이유들로 인해 적응 정책에 무게중심이 실리기 쉽지만, 이런 경향은 분명 경계할 필요가 있다. 첫째, 기후위기의 지속적인 심화와 그로 인한 재해의 거대화로 인해 적응의 비용이 점차 커질 가능성이 높다. 즉, 근본적인 저감 없이 적응 일변도로 정책이 수행될 경우, 적응의 비용은 감당할 수 없을만큼 계속 늘어나게 될 것이다. 아마 제3세계로 불리는 남반구 국가들부터 비용을 감당하지 못하고 포기하게 될 것이고, 기후위기의 불평등과 부정의는 더욱 악화될 것이다. 지구라는 하나의 우주선 안에서 옆칸의 불이 꺼지지 않고 번진다면 결국 우리 칸도 위험해질 수밖에 없다는 것은 상식에 속한다.

둘째, (주로 관 주도의) 적응 활동이 저감과 감축을 방해하는 요인으로 작동할 가능성 때문이다. 적응을 강조하는 입장을 살펴보면, 탄소중립이라는 목표 자체가 현실적으로 달성되기 어렵고, 한국의 노력만으로 전 지구적 기후변화를 막을 수 없다는 상황 논리 속에서 한정된 자원과 역량의 효율적인 배분이 필요하고 다른 국가들이 경제적 손실을 감수하면서까지 극적인 탄소 감축에 나서지 않을 것 같다는 판단이 깃들어 있다.[39] 그런데 이런 논리의 이면에는 저감 실천이 사실상 어렵고, 대신 적응이 현실적으로 합리적인 대응 방안이라는, 사실상 저감 실천을 회피하고자 하는 욕망이 은폐되어 있다.

그러나 다른 한편으로 기후 적응은 기후위기와 생태 전환 관련 담론이 정치적 공간을 확보하도록 일종의 틈새를 만들어낼 가능성이 크다. 기후 적응에 관한 설명과 정책은 일반대중이 쉽게 이해할 수 있고 공감할 수 있는 내용들로 구성되어 있기 때문에 정당성을 확보하는 데 유리하다. 즉, 현실정치에서 주변화되어 있는 기후생태 그룹이 정치적 헤게모니를 장악하기 위한 초기 전술로서 의미가 있고, 생태 민주주의의 전진에 하나의 기폭제가 될 수도 있다.

저감과 적응이 같이 가야 한다는 당위와는 달리, 현실정치, 특히 지역 차원의 현실정치는 저감보다 적응 쪽으로 흘러갈 가능성이 크다. 저감과 전환을 이야기하는 지역 시민사회와는 달리, 여러 지방자치단체와 지방의회는 이미 적응을 중심에 두고 논의를 하고 정책을 추진하는 경향을 보이고

---

39   이동규, "온실가스 저감과 적응", 전자신문, 2022년 5월 2일.

있다. 예를 들어, 여러 지자체에서 국가법령에는 없는 폭염피해 예방·지원에 관한 조례를 제정해 운영하고 있다.[40] 관련 내용을 보면, 폭염을 줄이기 위한 저감 정책은 거의 전무하고 대부분 폭염취약계층을 지원하는 것으로 채워져 있다. 구체적으로는 에어컨을 설치하거나 냉방비를 지원하여 더 많은 온실가스를 배출하는 내용이다. 당장 인간의 고통을 완화하고 적응을 하는 데는 도움이 되겠지만, 이 과정에서 더 많은 탄소가 배출되고 비인간 존재들의 피해가 커지기 쉽다.

그러므로 지역에서 기후 돌봄 정치가 행정이 주도하는 적응의 정치로 환원되지 않도록 지속적으로 경계해야 한다. 이를 위해 탄소중립과 저감이 더욱 강력하게 요구되어야 하는데, 이는 필연적으로 갈등을 유발하며 적대를 드러내기 때문에 합의를 강조하는 자유주의 정치 질서에서는 쉽지 않다. 특히, 성장주의 동맹의 힘이 강력하고 다툼보다는 화합을 강조하는 한국 지역정치의 맥락에서는 더욱 그럴 것이다. 그렇다면 돌파구를 찾는 것은 앞서 언급한 기후정치동맹과 기후공동체들의 몫일 것이다. 이들이 민관협치의 장에서 지방정부가 적응 일변도로 흐르지 않도록 치열하게 제 역할을 해주어야 한다. 이를 위해서 무엇보다도 지역 시민사회가 자연

---

40 전국에서 약 88곳의 지방자치단체가 폭염 관련 조례를 제정·운영 중이다. 법제처 국가법령정보센터 2023년 8월 19일 검색 기준.

의 권리를 먼저 인식하고 주장하면서 광의의 기후 돌봄의 정치를 지방정부에 제안하는 동시에 저소비·탈소비 운동, 에너지과소비 업체에 대한 불매운동, 자동차 대신 자전거 타기나 걷기, 기후위기로 인해 소멸되는 동식물에 대한 캠페인 등의 직접행동을 선제적으로 실천하는 것이 중요하다. 앞서 언급한 것처럼 기후 돌봄의 정치에 관한 다양한 정의가 있지만, 이런 맥락에서 기후 돌봄의 정치는 지구의 자연을, 인간을 포함한 모든 존재들의 커먼즈로 인식하고 이를 사유화하고 파괴하려는 반反커먼즈 성장주의 동맹과의 적극적인 갈등과 적대를 실천하는 것으로 정의할 수 있다. 이러한 발상의 전환이 없다면, 느슨한 저감 정책과 취약계층의 돌봄 정책과 차별성을 느낄 수 없는 적응 정책의 안락함 속에서 서서히 공멸의 길을 걸어가게 되지 않을까.[41]

41 지구상의 모든 존재들이 연결되어 있음에도 심지어 현실에서 쉽게 분리될 수 없는 저감과 적응을 굳이 나누고 그중에서 적응의 방법에 몰두하는 것은 자체로 어색하다. 기후위기를 초래한 이분법적 인식론의 폐해가 기후위기에 대응하는 노력에서도 그대로 반복되고 있다고 볼 수 있다.

6. 결론

한국에서 기후정치는 2020년 전후로 잠시 국가와 지역 차원에서 막강한 영향력을 확보한 것처럼 보였다. 코로나19와 기후변화에 따른 대규모 기후재난은 글로벌 차원부터 지역 차원까지 경각심을 일깨웠다. 지역에 국한해서 살펴보면, 적어도 논리적으로 지방정부는 대중교통 확대, 폐기물 순환, 에너지 절감, 녹지 보호 등을 통해 감축 정책을 추진할 수 있으며 일련의 과정에 시민 참여를 유도함으로써 참여 민주주의를 발전시킬 가능성도 크다. 그러나 현실은 사뭇 다르게 나타났다. 2020년 전후에 등장한 지방정부의 탄소중립선언은 일종의 유행처럼 흘러갔고 유의미한 변화를 거의 만들어 내지 못했다. 무수한 계획이 등장했지만 기존 계획의 재탕이거나 집합인 경우가 많았고, 실제로 감축 목표를 달성하지도 못했다. 지방정부의 탄소중립선언과 그린뉴딜 정책은 중앙정부의 예산을 확보하려는 전략으로 활용되었고 근본적인 구조 변화보다는 시민 개인들의 실천으로 환원되는 경향도 나타났다.[42] 여러 지역에서 기후비상행동을 조직하고 대규모 시민행동을 전개하고 있지만, 기후정치는 중앙과 지역 모두에서 여

---

42   황정화, 「도시기후레짐의 형성과 성격 분석: 민선7시 광주광역시 사례 연구」, 한국지방정치학회보, 2023, 13(1): 23-50.

전히 주류화되지 못하고 있다.

이런 상황에서 기후 돌봄 정치라는 새로운 담론의 제시는 자칫 전선을 흩트린다는 비판을 받을 수 있다. 그러나 현재의 기후위기가 특정 집단만의 책임만이 아니라 우리 모두의 책임임을 선언하고, 오늘의 위기 상황에서 인간과 비인간을 모두 돌보는 기후 돌봄이 시대적 요청이라는 점을 분명하게 인식하면서 전열을 재정비해야 기후정치가 정당성을 얻고 주류화될 수 있는 가능성이 열릴 것이다. 부정의를 용인하자는 것은 아니지만 기후위기의 책임으로부터 자유로운 존재는 사실상 없다. 무엇보다도 책임소재를 따지기에 우리는 지금 시간이 너무 없다.

기후 돌봄의 정치가 구체화되기에 가장 적합한 장소는 지역일 것이다. 이미 지역에는 기후비상행동 등으로 명명된 기후정치동맹이 형성되었거나 형성 중이며 다양한 기후행동이 전개되고 있다. 그러나 아직 역부족이다. 기후위기에 보다 효과적으로 대응하기 위해서 지금보다 훨씬 더 광범위한 대중을 결속시키는 새로운 지역공동체의 모색이 필요하다. 이때 출발은 무엇보다도 공동체 텃밭, 공동체 돌봄 등의 커먼즈에 기초한 살림공동체일 것이라고 생각한다. 다만 살림공동체에 그쳐서는 안 되며 다양한 살림공동체가 기후 돌봄 정치를 위한 정치공동체로 전환되어야 할 것이다. 아울러, 지역 차원의 협치정책과 제도의 틀을 적극적으로 활용하는 노력 역시 요구된다.

지역을 강조하는 것이 기후 돌봄 정치의 공간을 자치와 자급으로 축소시키는 것을 뜻하지 않는다는 것을 분명히 해야 한다. 하나의 지역순환경제가 지역순환경제(들)의 네트워크로 확장되지 않는다면 지속가능성이 떨어진다. 다른 지역과의 경제적 연결을 고려하는 것이 오히려 지역순환경제 달성의 전제조건일 것이다.

비관과 낙관이 혼재된 현실에서 '시간'에 대한 고민이 필요하다는 것을 다시 강조하고 싶다. 근대화는 가속화의 과정이며 가속화는 울리히 벡 등에게서 위험사회가 등장하는 핵심 원인으로 지목된다.[43] 근대 자본주의와 산업문명이 오늘날 기후위기의 핵심 원인이라는 측면에서 '느림'과 '슬로우 시티' 등이 대안처럼 인식되기도 한다. 그러나 기후위기의 긴박성을 고려하면 우리에게는 시간이 없고 그래서 가속화를 적극 활용하여 기후위기 대응의 속도를 높이는 것이 필요하다. 기후변화가 기후위기가 되고 지구온난화가 지구열대화로 가속화되고 있는 현실에서 느림의 미학을 추구하는 대응책은 너무도 한가롭게 들린다. 한국이 경험한 압축적 근대화처럼 압축적 전환이 필요하며 우리의 '빨리빨리' 문화를 오히려 적극 활용할 필요가 있다. 또한 압축근대화가 중앙에서 지역으

---

43 문병호, 「가속화 과정으로서의 근대화」, 담론201, 2008, 11(3): 35-59.

로 하향식으로 전개되었다면 압축적 전환은 지역에서 지역으로, 지역에서 중앙으로의 수평적-상향식 경로로 추진되어야 할 것이다. 이때 압축전환은 한편으로는 신속하게 탄소배출을 줄이는 저감의 접근과 함께 다른 한편으로는 돌봄의 확대와 적응의 접근을 통해 회복력을 높이는 동시다발적이면서 빠른 노력을 뜻한다. 기후위기는 당위의 문제가 아니라 시간과 속도의 문제이다.

기후위기는 정치의 위기라는 말이 회자된다. 기후위기를 해결하기 위해서는 결국 현재의 정치를 풀어야 한다는 말이다. 이 글에서는 답답한 중앙정치보다 지역정치가 가능성의 공간일 수 있다는 점을 언급했다. 다만 더욱 중요한 것이 있다. 정치란 기본적으로 적대관계를 전제한다는 것이다. 그러나 어디까지나 정치는 적대를 대화와 소통을 통해 비폭력적으로 풀어나가는 예술이어야 할 것이다. 지역정치에서도 탄소중립 달성 방법을 둘러싼 분명한 갈등의 각이 있고 이와 관련한 적대가 존재한다. 이를 도외시하거나 피한다면 지역정치도 기후위기를 풀어가는 해법의 공간이 될 수 없다.

같은 맥락에서 저감의 정치, 적대의 정치는 적응의 정치, 회복력 강화의 정치와 병행되어야 한다. 여러 연구는 기후위기 대응 과정에서 그간 지역이 보여온 무능을 과학기술과 자원의 부족으로 설명한다. 그러나 오히려 문제는 지역에서 기후 돌봄의 정치가 결핍되어 있는 현실에 있다.

7

한살림
생명운동으로 본
생태적 돌봄

모심과살림연구소

조미성

1. 들어가며─생태적 돌봄

저출생 대책으로 외국인 가사도우미를 들여오겠다는 정책이 한때 논란이 되었었다. 이러한 논란의 주된 내용은 이 정책이 저출생 문제를 해결하는 데 도움이 되지 않으며 실효성이 없다거나, 아이의 양육을 맡기기에는 신뢰가 가지 않는다거나 하는 이야기들이다. 그러나 이 논의들 속에서 동남아시아 '여성'들을 '최저임금도 안 되는 급여'를 주고 데려온다는 발상의 바탕에 깔려 있는 인식에 대한 문제제기는 거의 찾아볼 수가 없어 씁쓸하다.

이 정책은 돌봄을 보는 우리 사회의 현주소를 적나라하게 보여주고 있다. 돌봄은 출생률을 높여 경제적으로 필요한 생산 인구를 늘리기 위해 어쩔 수 없이 하는 것이며, 그래서 가급적이면 저렴한 비용으로 처리하면 좋겠고, 다른 나라의 여성을 착취해서라도 물리적인 돌봄 공백만 메우면 해결될 것이라고 생각하는 것이다. 다시 말해 '돌봄'의 가치나 돌봄 노동에 대한 성찰, 혹은 현재 우리 사회의 위기를 극복하는 데 돌봄이 어떤 역할을 할 수 있을지에 관한 논의는 부족하다.

기후·생태 위기의 심화는 오늘날 우리 삶의 양식을 근본적으로 돌아보고 바꿀 것을 요구한다. 기후변화를 해결하자고 할 때 흔히 탄소를 문제 삼지만, 사실 탄소는 기후변화의 근본 원인이 아니다. 탄소를 인위적으로 엉뚱한 지질학적 공간에 놓이게 한 사회시스템과 작동방식이 무엇인지를 밝히는 데 더 힘을 기울여야 온당한 해결책을 모색할 수 있을 것이다. 그렇다면 기후위기의 진정한 원인은 무엇이며 어떻게 바꾸어야 할까? '돌봄'의 시각에서 문제를 진단한다면, 기후 문제의 원인 중 하나는 다른 인간, 비인간 생물종, 비인간 자연을 돌보지 않고 타자화하며 착취하는 시스템이라 할 수 있을 것이다.

돌봄의 위기와 기후·생태 위기는 그 원인을 공유하며 서로 긴밀한 관계를 맺고 있다. 돌봄care은 어원적으로 관심, 사랑의 의미를 포함하며, 타자와 세상을 대하는 마음의 태도를 반영한다.[1] 더 케어 컬렉티브는 "오로지 자신과 가장 가까운 친족만을 돌보도록 강조하는 신자유주의는 '자기 것 돌보기'의 편집증적 형태를 초래"한다고 말하며 돌봄을 훼손하는 주범으로 신자유주의를 지목한다.[2] 그러나 타자화의 역사는 신자유주의보다 더 오래전으로 거슬러 올라간다.[3] 근대

---

1   더 케어 컬렉티브, 정소영 옮김,《돌봄선언》, 니케북스, 2021, 19.

2   더 케어 컬렉티브, 같은 책, 39.

3   캐롤린 머천트Carolyn Merchant는 일찍이《자연의 죽음》(1980/ 번역본 2005)에서 근대화와 함께 자연과 여성이 동시에 타자화되고 악마화되는 역사적 과정을 기술한 바 있다.

화와 더불어 '우리'로 인식했던 존재들을 '타자'로 배제하는 마음의 태도(사고방식)가 확산되었다. 인간사회에서 '우리'가 아닌 '타자'와 소수자를 혐오하고 배제하는 태도는 생태계로 확장되어 비인간 생물과 자연에 대한 차별과 착취를 가능하게 한다. 그래서 타자화와 배제는 공동체 파괴와 생태계 파괴로 동시에 이어진다.

돌봄은 마음의 태도이면서 동시에 세계관이다. 돌봄의 관점은 인간이든 비인간 존재든, 지구상에 존재하는 모든 이들에 대한 타자화와 배제를 극복하는 세계관을 제공한다. 돌봄 윤리에서는 인간을 비의존적이고 자율적이며 독립적이고 합리적인 존재로 가정하는 자유주의 정치이론의 인간관을 비판하고, 인간이 본질적으로 관계적이며 상호의존적인 존재라고 말한다.[4] 헬드Held는 정의 윤리와 돌봄 윤리를 비교하면서, 정의 윤리는 공정과 평등에 관심이 있는 데 반해 돌봄 윤리는 배려와 신뢰, 관계 형성에 관심이 있다고 말한다. 정의 윤리가 공정한 해법을 추구한다면, 돌봄 윤리는 돌봄을 매개로 사람들 사이의 끈끈한 관계를 추구하고 사회적 유대를 강조한다.

그런데 세계관으로서의 돌봄의 의미를 보다 명확

---

4 버지니아 헬드, 김희강·나상원 역, 《돌봄: 돌봄 윤리》, 박영사, 2017, 39.

히 한다면 '생태적 돌봄'이라고 할 수도 있을 것이다.[5] '생태 ecology'라는 용어에 의미상 관계와 연결성이 내포되어 있으므로 '생태적 돌봄'은 어쩌면 동어반복일지도 모른다. 그러나 일반적으로 돌봄 윤리가 인간으로 국한되는 데 비해, 생태적 돌봄은 비인간에게까지 확장되어야 한다는 인식에 기초한다. 결국 생태적 돌봄은, 돌봄의 여러 성격 중 상호의존성에 특히 주목하며 그 범위를 비인간에게까지 확장한 돌봄을 지칭한다.

2. 한국 생명 담론에서의 돌봄
—모심과 살림

생태적 돌봄의 세계관은 낯선 것은 아니다. 세계 곳곳의 일부 전통문화와 역사에는 생태적 돌봄의 세계관이 숨어 있거나 남아 있고, 한국에도 이러한 전통이 이어져왔다.

---

5   국내에서 '돌봄'과 '생태'를 결합한 용어는 정연보, 「기후위기 시대의 트러블과 함께 하기-공동생성과 촉수적 사고, 생태주의적 돌봄을 중심으로」 페미니즘 연구, 2022, 22(1): 73-108에서 처음 등장하는 것으로 보인다. 그리고 이명호, 「복합위기 시대, 불교의 사유에 근거한 생태적 돌봄 전망하기」, 한국불교학, 2023, 107: 293-328에서는 본격적으로 '생태적 돌봄'이라는 용어를 사용했다. 이명호(2023)는 생태적 돌봄을 인간적 돌봄, 보편적 돌봄, 연기적 돌봄을 아우르는 용어로 제안했다.

한국 생명 담론에서는 '모심과 살림'이라는 개념이 세계관으로서의 '생태적 돌봄'을 대신하고 있다. 한국 생명 담론에는 다양한 흐름이 있지만,[6] 이 글에서는 특히 한살림의 생명운동이 돌봄과 어떤 연관성이 있는지 살펴보고자 한다.

'한살림'이라는 이름에 먼저 주목해보자. '한살림'이라는 단어에는 '살림'이 포함되어 있다. '살림한다'고 하면 흔히 가사家事노동을 떠올린다. 국어사전에도 '살림'은 '한 집안이나 국가·단체 따위를 이루어 살아가는 일, 또는 살아가는 상태나 형편'으로 나와 있다. 한살림에서의 살림은 이때의 가사노동과 동일한 어원을 공유한다. "한살림이라는 말 자체가 도시와 농촌, 사람과 자연이 한 집 살림하듯 함께 살아간다는 뜻을 담고 있다. 또한 '크다'는 뜻의 '한'과 생명 가진 존재

---

6   생명 담론은 한국 전통 사상과 다수 종교에서 그 원형이 보이지만, 여기서 말하는 현대적 의미의 한국 생명 담론은 1970년대 말에서 1980년대 초반 민주화운동의 한계를 극복하고자 하는 이들을 중심으로 움텄던 일련의 움직임(생명운동)의 바탕이 되었던 사상을 일컫는다. 당시 생명운동의 발흥에는 종교계, 신용협동조합, 농민운동가, 시인과 문화운동가 등 다양한 진영의 운동가들이 주축이 되었고, 그중 한살림은 생명운동을 자기 정체성으로 가지고 1986년 생활협동조합을 설립하였다. 40여 년이 흐르고 생명운동이 다양하게 확장·분화되면서 그 정의, 범위, 주체가 모호해졌고 한편으로는 환경운동이나 생태운동과의 차별성을 상실하고 희석되었는데, 한살림의 경우는 현실 경제조직을 기반으로 운동을 펼치면서 상대적으로(양적으로) 확장되고 생명운동의 한 흐름을 이어왔다.

들을 조화롭게 살아가게 한다는 의미인 '살림'을 합쳐 다 함께 큰 살림을 한다는 의미이다."[7] 한살림은 '집안'의 의미를 사회와 사람과 자연을 포함한 온 우주로 확장시킨 것이라고 할 수 있다.

〈한살림 선언〉은 한국 생명 담론의 정수를 가장 압축적으로 보여주는 문서로서, 이 글에 따르면 생명운동은 인간과 자연의 생명을 소외·분열시키고 억압·파괴시키는 '죽임의 질서'인 산업문명에 대항하여 생명을 총체적으로 '살리는' 사회운동을 말한다.[8] 한살림 운동의 선구자들은 한살림 운동과 생명운동을 같은 의미로 사용했는데, 이들에 따르면 '한살림 운동'은 인간과 자연 사이의 생태적 균형을 회복하고 인간과 인간 사이에 공동체적 삶을 구현함으로써 인간 내면에서 진정한 자기를 실현하는 총체적 생명운동이라고 보았다.[9]

생명운동의 의미를 좀 더 명확하게 파악하기 위해서

7   한살림, "한살림 운동의 지향" 《모심과 살림 - 모심과살림총서①》, 2002, 101; 또한, 박재일, 2009, 일가상 농업부문 수상소감문; 다음의 책에 실려 있음: 인농기념사업위원회, 《한살림답게: 인농 박재일 선생 1주기》, 한살림, 2011.

8   한살림모임, 《한살림 선언》, 1989.

9   최혜성, 「생명회복운동으로서의 한살림」, 《모심과 살림》, 한살림, 1990.

는 '환경'이나 '생태'라는 용어가 아닌 '생명'이라는 용어를 선택한 배경도 살펴볼 필요가 있다. 생명 사상가 김지하는 '환경'과 '생태'가 잘못되거나 한계를 가진 용어라며 비판했다. 그는 '환경'이라는 개념이 인간중심주의와 유물론적 지구관의 그릇된 산물이며, 인간을 우주의 중심에 놓고 다른 생명계를 병풍이나 들러리로 취급해온 근대 서양사상의 오류의 찌꺼기이므로 마땅히 폐기되어야 한다고 강조한다.[10] '생태'는 그나마 '환경'보다는 자연의 실상에 가까우나 이 개념의 근본적인 한계는 생명계와 무생명계를 명확히 구분하고 관찰을 통해 가시적으로 드러난 질서에만 주목한다는 점이다. 따라서 현재의 생태적 파괴를 역전시키기에는 한계를 보인다는 것이다. 그는 생태계 내부의 '숨겨진 질서'=영성에서 끊임없이 생성되는 창조적 운동을 파악하기 위해서 '생태'가 아닌 '생명'이라는 단어를 사용한다고 밝히고 있다.[11] 이런 관점에서 보면 환경운동이 인간을 중심에 두고 인간의 이익과 생존을 위해 자연 자원을 적절하게 관리하는 행위에 가깝다면, 생명-생태운동은 삶의 터전이자 공동의 집에 함께 사는 인간-비인간 동료들을 살리고 돌보는 행위라고 할 수 있다.

---

10   김지하 · 문순홍, 《생명과 자치》, 솔, 1996, 45.

11   김지하 · 문순홍, 같은 책.

생명운동에서 '생명'이라는 용어는 근본적으로 협력과 상생, 연결성을 포함한다. 생명운동에는 생명의 그물에 대한 인식, 인간과 자연과 우주의 유기적 연관에 대한 사고가 바탕에 깔려 있다.[12] 우주의 모든 것들이 생명의 그물에 촘촘하게 연결되어 있고 상호의존하며 공존한다는 사고방식이다. 생명운동은 죽임의 문명에서 살림의 문명으로의 전환운동인데, 그 운동의 방식은 '연결'이다. 이 연결성은 생명이 살아가고 존재하기 위해서는 단순히 협동하는 것을 넘어서 본질적으로 상호의존하고 깊이 연결돼야만 가능하다는 깨달음이다.[13]

생명의 존재방식에 대한 이러한 깨달음은 단지 추상적인 담론이 아니라 현대 생물학에서도 그 근거를 찾을 수 있다. 생물학에서는 한동안 자연계에서 생명이 서로 경쟁하면서 진화해왔다는 가설이 지배적이었지만, 마굴리스는 '세포 내 공생설'을 통해 진핵세포 생물들이 이종의 박테리아와 세균 등과 공생해 마치 키메라처럼 접합되며 함께 진화해왔다

---

12   윤형근, 「한국 생명운동의 뿌리와 전통사상」, 최병두 외, 《녹색전망》, 도요새, 2002, 296-320.

13   조미성, 「생명운동이 공통장에서 배울 수 있는 것들」, 모심과살림 20호, 2022.

고 주장했다.[14] 해러웨이는 마굴리스의 가설에 기반하여 생명체들이 각자 독립적인 개체로 존재하는 것이 아니라 서로가 서로를 생산하고 변화시킨다는 점을 포착했고 이를 공-생산 sympoiesis이라고 불렀다.[15] 공-생산의 관점에서 모든 생명체는 근본적으로 개체가 아니라 공동체이다. 이렇게 한국의 생명 담론은 현대 생물학과 해러웨이 등의 논의와 상통하는 지점이 있다.

모심, 살림, 돌봄

그렇다면 생명운동은 돌봄과 어떻게 연결될 수 있을까? 한살림의 '살림'은 말 그대로 돌보는 일을 기본으로 한다. 한살림 운동을 비롯한 한국 생명 담론에서 말하는 '모심'은 태도이며, '살림'은 이를 바탕으로 한 실천이다. 모심은 모든 생명과 인간을 겸손한 마음으로 섬기는 태도를 일컫는다. 모든 인간을 포함한 유기체들과 비유기체들은 제 안에 하늘을 모시고 있으며 인간은 바로 그 점(자신을 포함한 만물이 하늘을

14 린 마굴리스, 도리언 세이건, 김영 역, 《생명이란 무엇인가》, 리수, 2016.

15 도나 해러웨이, 최유미 역, 《트러블과 함께하기》, 마농지, 2021. 여기서 sympoiesis는 '공-생산', '공동제작', '공동생성', '함께-되기' 등 다양한 용어로 번역된다.

모시고 있다는 점)을 깨달아야 하는데, 이것이 바로 '하늘을 모시는(侍天)' 각성이라는 것이다.[16] 다시 말해 "생명운동은 하늘과 땅과 세상의 돌이나 풀이나 벌레 모두를 모시고 가는 태도에서 출발한다. 더불어 사는 관계를 키워간다는 자세를 가지고 있다면 모든 것이 모심(侍)이 아닌 것이 없다. 이 모심의 자세를 가지고 생명의 질서에 맞는 새로운 생활양식을 창조해가는 것이 바로 살림이다. 모심은 살림의 출발이고, 살림은 모심을 바탕으로 한다."[17]

이러한 모심과 살림의 개념은, 가장 넓은 의미로 돌봄을 정의한 트론토Tronto의 돌봄 개념과 유사하다. 트론토가 보기에 돌봄은 "우리의 '세상'을 바로잡고 지속시키고 유지시키기 위해 우리가 하는 모든 것을 포함하는 종種의 활동으로 간주해야 하며, 이 세계는 우리의 몸, 자아, 환경을 포함하는, 생명 유지의 그물망으로 엮을 수 있는 모든 것을 포함한다."[18] 이러한 정의는 지나치게 광범위해서 아무것도 말해줄 수 없다는 비판에 취약할지 모르나, 돌봄 개념이 어떤 세계관을 바탕으로 해야 하는지를 보여준다는 점에서는 의미가 있다.

---

16 최혜성, 위의 글.

17 한살림,《모심과 살림- 모심과살림총서①》, 2002, 3.

18 조안 트론토, 김희강 · 나상원 역,《돌봄민주주의》, 아포리아, 2014, 67에서 재인용.

그 세계관은 사실 모심 개념에 응축되어 있다. 모심 개념은 인간과 자연 안의 신성神性과 상호연결성, 상호의존성을 강조한다. 생명운동에서는 이것을 '밥 한 그릇의 우주'라는 상징으로 표현한다. 이것은 상호 연결된 세계에 대한 은유이지만, 현실에서 전 지구적 농업·먹거리 시스템이나 지구시스템 과학의 연구 결과를 보면, 있는 그대로의 사실이기도 하다. 농부가 심은 씨앗 한 알로부터 유통물류 시스템까지, 밥 한 그릇이 우리 식탁에 올라오기까지의 전 과정을 거꾸로 거슬러 올라가 보면, 말 그대로 생명과 자본주의와 인간과 자연이 얼기설기 엮인 그물망을 만나게 된다.

'모심과 살림'은 '정의 윤리'보다 '돌봄 윤리'에 보다 가까운데, 그것은 이 개념이 옳고 그름이나 선악을 따지기보다는 모든 존재의 생존에 기반이 되는 존재론적 성질에 관한 통찰에 뿌리를 내리고 있기 때문이다. 우주의 모든 존재는 '모시고 있다'는 공통분모를 지닌다. 김지하는 이 점을 이렇게 정리하고 있다.

'모심'이야말로 우리가 풀지 못한 일체 존재와 생명의 존재근거가 아닌가, 모셨기 때문에 우리가 살고 있다고 봐야 하는 것 아닌가 하는 생각이 듭니다. 우리가 윤리적으로나 감성적으로 모시는 것을 자각했을 때, 누구를 섬기는 마음, 그리워하는 마음, 떠받드는 마음, 존중하는 마음, 생명을 존중하는 마음이 생기는 것이 아닐까라는 것이죠. 그렇다면 이 모심으로부터 새로운 생명운동, 환경운동을 시작해야 되지 않겠는가.[19]

요약하면, 생명담론에서 '모심과 살림'은 '생태적 돌봄'의 다른 표현이라고 할 수 있다. 그런데 이 두 개념에 차이가 있다면, '돌봄윤리'에서 돌봄의 근거는 모든 존재의 취약성인데 비해, '모심과 살림'에서 모든 존재를 모시고 살려야 하는 이유는 그 안에 모셔진 신성을 인식하기 때문이다. 이 점에서 '모심과 살림'은 '돌봄 윤리'에 비해 인간-비인간 존재를 더 귀하게 여기는 태도를 내포하고 있다. 기후·생태 위기의 시대에는 인간만이 아니라 서로 의존하는 우주의 모든 생명을 모시고 살려야만 우리가 함께 생존할 수 있다. 이것이 바로 생태적 돌봄의 의미이다.

---

19 김지하, 「모심의 미학」, 《모심과 살림 - 모심과살림총서①》, 2002, 64.

3. 유기농업
—땅과 생명을 돌보기

한살림 운동의 의제는 밥상살림, 농업살림, 지역살림, 생명살림으로 축약된다. 농업을 살려 그 결과로 먹거리와 밥상을 살리고, 이 살림들이 일어나는 현장이 지역이다. 그리고 이 모든 과정과 결과를 아울러 '생명살림'이라고 말한다. 한살림이 구체적인 현실에서 생명을 돌보는 전략으로 가장 먼저 채택한 것은 '농업살림'이다. 독재 권력에 맞선 투쟁이 한창이던 엄혹한 1980년대, 왜 한살림은 갑자기 농업살림에 눈을 돌렸을까? 폭력은 독재권력 속에만 있는 것이 아니었고, 더 크고 위험한 폭력이 밥상에서 삶을 위협했다.[20] 그 무렵 한 해 약 1,500명의 농민이 농약 중독으로 목숨을 잃었고, 농민들이 돌보던 땅과 물도 병들었으며, 병든 땅에서 길러낸 먹거리가 다시 사람을 병들게 했다. 그 악순환을 벗어나기 위해서는 농민과 땅을 우선적으로 살려야 했다.

이 사례가 알려주듯, 인간 돌봄과 비인간 돌봄은 서로 대립되는 개념이 아니다. 인간의 생존은 비인간 존재들의 생존과 뗄 수 없다. 농업과 식량의 문제는 인간-비인간의 공

20 인농기념사업위원회, 《한살림답게: 인농 박재일 선생 1주기》, 한살림, 2011, 124.

동운명성을 확연히 드러낸다. 이제는 고전이 된《침묵의 봄》을 통해 레이첼 카슨이 고발하고자 했던 현실은, 처음 한살림이 유기농을 시작하며 농약에 중독되어 고통받는 농부와 생명과 땅을 살리고자 했던 바로 그 현장이다.

농업과 식량─기후위기의 최전선

이제는 생물독성뿐만 아니라 기후변화도 이 공동운명을 좌지우지하고 있다. 기후변화로 인한 서식지의 변화, 물순환의 변화, 온난화에 따른 먹이의 생애주기 변화나 멸종 등 생태계의 대대적인 교란은 인간에게도 여러 영향을 미치지만, 그중 가장 직접적이고 보편적으로 체감할 수 있는 것이 식량위기이다. 온난화로 봄에 개화 시기가 빨라지면 꿀벌과 꽃의 생태 주기가 어긋난다. 꽃들이 일찍 개화할 때 아직 벌들은 월동 중이고, 벌들이 월동에서 깨어나 먹이를 찾을 때 꽃들은 이미 지고 없다. 꽃이 수정하지 못하고 벌이 굶으면 가을에 열매를 맺지 않을 것이고, 이것은 곧 식량 생산량이 줄어든다는 것을 의미한다. 사과와 배의 가격이 천정부지로 치솟는 이유는 봄의 이상기후 때문이지 다른 이유에서가 아니다. 지금 이 순간에도 '기후플레이션climateflation'[21] 현상

---

21 기후플레이션은 기후climate와 인플레이션inflation의 합성어이다. 이상기후로 작물의 작황과 생산이 부진해지고 이로 인해 물가가 오르는

이 한국사회를 강타하고 있다. 꿀벌을 매개로 열매를 맺는 전체 농작물은 무려 70%에 이른다. 꿀벌이 멸종하면 인간도 굶을 것이다.

농업은 그 어느 산업보다 기후위기에 취약하다. IPCC 보고서에는 이상기후의 빈도와 강도가 숫자로 등장하지만, 농부들은 그 상황을 해가 갈수록 더 심각하게 온몸으로 절감하고 있다. 매해 여름 폭우로 많은 생산지들이 피해를 입는데, 그 피해는 갈수록 심각해지고 있다. 수확을 앞둔 농지와 과수가 잠기고 떠내려간다. 특히 유기농업은 화학농업에 비해 온난화로 인한 새로운 병충해의 출현에 대비하기 어려워 기후재난에 더 취약할 때가 있다.[22] 사태를 악화하는 것은 농업의 가치를 온당히 인정하지 않는 시스템이다. 소수의 거대 자본이 장악하고 있는 글로벌 농업·먹거리 시스템과 신자유주의, 그리고 정부의 농업 희생 정책이 복합적으로 결합한 시스템이 상황을 악화시킨다. 이러한 독과점체제는 농민들의 경제 종속성을 심화시킬 뿐만 아니라 신속한 기후 대응을 가로막는 중요한 요인이 되기도 한다. 그래서 농업 자체의

현상을 말한다.

22 2020년 두 달간의 긴 장마로 관행농 참깨 생산이 50% 줄었을 때, 친환경 참깨의 생산량은 90% 하락했다. (출처: 한살림 홈페이지 http://www.hansalim.or.kr/archives/54202)

기후변화 대응 그리고 식량 독과점 체제에서 해방된 자립 체제의 구축이라는 이중의 과제가 한국 농업계 앞에 놓여 있다.

농업은 기후변화의 가장 큰 피해자이기도 하지만, 동시에 비중이 큰 가해자이기도 하다. 관행농은 '석유로 농사짓는다'고 할 만큼 화석연료를 많이 사용하며, 전 세계 농업·먹거리 시스템이 배출하는 온실가스는 전체 배출량의 25~30%에 달한다.[23] 기후변화 대응을 위해서라도 농업·먹거리 시스템을 신속하게 생태적으로 전환해야 할 필요가 있다. 앞서 유기농업이 기후재난에 더 큰 피해를 입는 경우가 있다는 것을 언급했지만, 한편으로는 유기농업이 관행농업에 비해 기후 대응과 적응에 더 효과적인 측면이 있다.

유기농업은 어떻게 우리 모두를 돌보나

유기농업이라고 통칭했지만, 여기에는 재생농업regenerative agriculture, 영속농업permaculture, 농생태학agroecology 등 조금씩 비슷하면서 다른 농업의 관점들이 포함되어 있다. 영속농업은 말 그대로 영속 가능한permanent 농업을 의미하는

---

23 한국은 농업 부문 온실가스 배출량이 2.9~3%에 불과한데, 이는 농업 관련 기초 데이터가 제대로 조사되지 않거나 배출량 산정에서 누락되어 있는 점, 농산물 수입이 많다는 점 등 여러 이유가 복합적으로 작용하기 때문이다.

것으로, 인간이 살아가는 방식으로서 자연 생태계와의 조화를 강조한다. 영속농업의 이념은 지구와 인간을 돌보고 자원을 적절하게 이용하는 것이다. 영속농업을 통해 인간과 비인간은 서로 병합하고 보살피며 공생하면서 그 관계를 재구성하는데, 이는 대지를 생태적으로 돌보는 대표적인 실천으로 제시된다.[24]

한편 재생농업은 보다 적극적으로 땅과 생태계를 회복하는 데 초점이 있고, 특히 기후위기의 해법으로서 토양의 탄소흡수 능력에 주목한다. 토양은 대기의 2배 정도의 탄소를 저장하고 있는데, 만약 땅이 '건강하게 살아' 있으면, 즉 땅속 미생물이 더 많고 생물다양성이 높으면 탄소흡수능력은 더 커진다. 토양 내 유기물과 미생물의 양을 늘려 탄소흡수능력을 높이는 것이 기후변화 해결의 열쇠가 될 수 있다는 것이다.[25]

농생태학은 '농업'과 '생태학'이 결합된 용어로, 학문으로서의 농생태학과 운동으로서의 농생태학을 통칭한다. 그

24 푸이그 드 라 벨라카사(2017); 정연보, 「기후위기 시대의 트러블과 함께 하기-공동생성과 촉수적 사고, 생태주의적 돌봄을 중심으로」, 페미니즘 연구, 2022, 22(1): 73-108에서 재인용.

25 '4‰(포퍼밀) 운동'은 토양에 1%의 토양유기물이 증가할 때마다 1에이커당 10톤의 탄소를 더 흡수하기 때문에 전 세계 토양에서 매년 탄소를 0.4%(4‰) 만큼 더 흡수할 수 있다면 세계 연간 탄소배출량(년간 약 370억 톤)만큼 상쇄할 수 있으므로, 생태적인 방식으로 토양유기물을 늘리자는 운동이다.

중 운동으로서의 농생태학은 생태계의 회복, 토양의 회복뿐 아니라 농민들의 전통 지식과 지혜를 통합하고 전 지구적으로 농민들이 처한 사회경제적 여건을 인식하고 전환하려는 노력을 일컫는다. 농생태학에서 토종씨앗 운동은 생물다양성을 복원할 뿐 아니라 자연과 인간의 새로운 관계 설정을 매개하기도 한다. 에콰도르 여성들의 토종 씨앗 복원 운동은 '생태적 서로 돌봄'을 잘 보여주는 사례 중 하나이다. 글로벌 대기업이 판매하는 상품용 씨앗에 맞서 자신들의 토종 씨앗과 거의 '신비롭기까지 한 관계'를 맺으며 이를 살려낸 여성 농민들은, 씨앗만 복원한 것이 아니라 씨앗들을 통해 자립을 이루고 스스로를 해방시킬 수 있었으며 '삶의 의미'를 회복할 수 있었다.[26] 하지만 이 경우 돌봄의 주체는 여성 농민들에 국한되지 않는다. 돌봄의 대상이 된 토종 씨앗 자체가 행위주체성을 드러내며 여성 농민들을 돌봐주었다. 이처럼 농생태학적 접근은 인간과 씨앗/식물/미생물/땅의 서로 돌봄을 중시하고 또 지향한다.

한편, 유기농업 개념을 재규정해야 할 필요도 있다. 시장을 중심으로 형성되어 있는 유기농 개념은 인간의 건강만을 생각한다는 점에서 인간중심적이다. 유기농산물의 진정한 의미는 결과적으로 먹거리 안에 잔류농약이 얼마나 남

---

26 데이비드 볼리어, 배수현 역, 《공유인으로 사고하라》, 갈무리, 2015.

아 있는지를 두고 판별하는 것이 아니라, 농작물 생산의 과정과 방식이 땅과 생명을 살리고 돌보았는지를 살펴봐야 한다.[27] 온전한 의미의 유기농은 비인간 돌봄을 포함하는 생태적 돌봄이다. 유기농업의 과정에는 땅속에서 제 나름대로 농사를 짓고 있는 다양한 비인간 주체인 미생물을 살리는 것이 포함되고, 인간 주체인 농부들을 돌보는 일도 포함된다. 생명을 살리는 농부가 생계를 유지하고 유기농업을 지속할 수 있게 그들과 그들의 땅을 지원하는 모든 과정이 유기농이다.

그러나 생명 돌봄으로서의 유기농업의 딜레마도 곳곳에 산재한다. 착취적인 세계 농업·먹거리 시스템에 맞서 소농 공동체를 지향하자고 외치지만, 소농은 생계유지도 쉽지 않다. 과거에는 '자발적 가난'과 어려운 생활을 감내하며 신념을 지켜온 농부들이 유기농업 운동의 한 축을 이루어왔지만, 이제 그런 방식은 점점 어려워지고 있다. 더욱이 농촌은 의료와 돌봄의 사각지대이기도 하다. 농촌에 거주하는 이들에게 가장 어려운 점이 무엇이냐고 물으면 의료시설이 부족한 것이라는 답변이 어김없이 들려온다. 시골 터미널에서

---

27 한살림에서는 결과로서의 유기농산물을 지양하고 토양과 생명을 살리는 과정을 더 살피는 '참여 인증제'를 시행하고 있다. 이를 위해 조합원들과 생산자들이 함께 생산과정을 점검한다. 제도를 정착시키기 위해 세부적인 기준을 마련해야 할 과제들이 있으나, 유기농업의 전 과정을 바라보며 제도화시키려는 노력의 첫걸음이라고 할 수 있다.

서울로 가는 새벽 첫 차에는 큰 병원에 가려는 노인들이 가득 탄다고 한다. 돌봄과 의료에서 소외된 농민 생산자들의 건강과 삶의 질을 돌보는 일은 가장 시급히 요구되는 생태적 돌봄 실천의 하나일 것이다. 농촌을 도시의 식량 생산기지로만 보는 시각에서 벗어나, 농민과 거주민들이 최소한의 필요를 충족하고 적절한 생활 수준을 영위할 수 있는 '삶의 공간'으로 회복하고 가꾸려는 노력 역시 중요한 생태적 돌봄으로 간주되어야 한다. 농촌이 살아나야 비로소 농토와 그 안의 생명도 살아날 것이기에.

4. 한살림 돌봄운동의 지향과 실천

한살림은 농업살림과 생명살림을 통해 생태적 돌봄을 해왔고 그 방식은 가치를 담은 물품을 공급하는 형식이었다. 이 운동은 이제 인간 돌봄으로 그 영역이 넓혀지고 있다. 이렇게 생태적 돌봄과 인간 돌봄은 상호 연관되고 순환한다.

최근 한살림, 두레생협, 아이쿱 등 기존에 먹거리 운동을 주로 해왔던 생활협동조합들은 돌봄 사업으로 영역을 확장하거나 돌봄 활동에 깊은 관심을 보이고 있다. 기존 생활협동조합의 조합원을 기반 삼아 보다 좁은 범위의 지역에 뿌리를 둔 돌봄·의료 사회적 협동조합들도 속속 생겨나고 있다. 왜 이런 변화가 일어나고 있을까?

한살림 내부에서는 돌봄운동이 이 시대에 맞는 생명운동의 실천이라는 주장이 가장 설득력을 얻었다. 설립 30주년을 맞아 한살림은 새로운 실천 운동의 비전을 '세상의 밥이 되는 한살림'으로 표현하고 '세상과 사람들의 아픔에 공명하며 공생하는 관계'를 통해 행복한 삶의 공간을 창조하기를 지향했다.[28] 〈한살림 30년 비전 제안 보고서〉에서도 생산자와 소비자는 물론이고 소외된 이들이 함께 안심하고 건강하게 살아갈 수 있도록 생활의 모든 영역(돌봄, 에너지, 교육, 문화 등)에서 새로운 밥의 소재를 발견하고 서로의 삶을 돌볼 수 있는 다양한 관계를 통해 지속가능한 자립 자치의 사회시스템을 형성하자고 제안했다.[29] 그리고 그 실천 방안으로 "생활살림을 위한 따뜻한 돌봄의 영역과 관계망을 만들어" 나가자고 역설했다.

한살림은 2014년경부터 돌봄운동을 고민해왔고, 일부 지역에서는 돌봄 관련 사회적협동조합을 조직할 정도로 사업 형태로도 상당한 진전을 이루었다. 한살림 돌봄운동의 특색은 한살림이 협동조합의 성격과 생명운동의 성격을 동시

---

[28] 한살림30년비전위원회, 〈한살림 30년 비전 제안 보고서〉, 모심과살림연구소, 2017.

[29] 한살림30년비전위원회, 같은 문서.

에 지니고 있다는 점에서 비롯된다. 한살림 돌봄운동은 돌봄을 시혜나 복지가 아니라 생명운동과 공동체운동의 일환으로 이해한다. 한살림연합은 2021년 조합원 활동의제의 하나로 '한살림형 지역돌봄'을 채택하고 한살림에 적합한 돌봄전략 수립을 위한 TFT를 구성하여 6개월간의 논의를 거쳐 '한살림 돌봄의제 중기계획'을 수립했다. 이 과정에서 나온 보고서에는 한살림 돌봄이 추구하는 가치를 다음과 같이 정리했다— "한살림의 돌봄은 호혜적 관계 속에서 한 사람 한 사람이 존엄한 삶을 누리고, 공동체성의 회복을 통해 모두가 행복한 대동의 세상을 실현하는 데 가치를 둔다."[30] 같은 문서에서는 한살림을 그 자체로 "오랫동안 생산자와 소비자가 관계 속에서 서로를 이해하고 지지해온 돌봄의 공동체"로 정의하고 있다. 또한 "돌봄 주체들이 주고받는 돌봄의 행위는 돌봄 필요에 대한 수급을 넘어서, 무너진 공동체를 복원하고 끊어진 생태 순환의 고리를 다시 잇는 과정"이라고 보고 있으며, 약탈적이고 착취적인 경제구조가 일으킨 생태위기의 시대에 "공생빈락共生貧樂"의 가치를 추구하고 유한한 자원을 아끼고 나누는 돌봄이 "살림"의 길을 여는 길잡이가 될 것이라고 주장한다.[31] 돌

---

30   장병윤, "한살림돌봄의 비전과 전략"(미발간 회의자료), 2022.

31   장병윤, 같은 글.

봄운동을 하는 활동가들은 이런 내용을 '한살림 돌봄의 지향'
으로 다음과 같이 정리하기도 했다.

〈한살림 돌봄의 지향〉

1. **모심의 돌봄**: 한살림의 돌봄은 생명의 존귀함으로부터
   시작합니다. 한 사람 한 사람의 거룩한 생명을 생활
   속에서 온전히 구현할 수 있게 하는 '모심의 돌봄'입니다.

2. **소통의 돌봄**: 한살림의 돌봄은 돌봄을 제공하는 이와
   받는 이가 관계를 통해 자립을 도모합니다. 서로의 삶을
   이해하고 지지하면서 함께 행복한 '소통의 돌봄'입니다.

3. **나눔의 돌봄**: 한살림의 돌봄은 조합의 울타리를
   넘어 지역에 뿌리를 내려 이웃을 돌아보고 연대하는
   돌봄입니다. 지역공동체의 구성원으로 더불어 사는
   '나눔의 돌봄'입니다.

4. **생애의 돌봄**: 한살림의 돌봄은 태어나면서부터 죽기까지
   삶의 전 영역을 보살피는 돌봄입니다. 건강한 성장과
   평화로운 죽음을 누릴 수 있게 하는 '생애의 돌봄'입니다.

5. **순환의 돌봄**: 한살림의 돌봄은 지구 생태계의 일원으로서
   책임을 다하는 돌봄입니다. 인간 때문에 상처받은
   땅을 치유하고 끊어진 생태의 고리를 잇는 '순환의
   돌봄'입니다.

한 활동가의 말은 한살림이 돌봄을 보는 관점을 명확하게 드러내고 있다. 그의 말은 이렇다.

한살림이 먹거리 사업을 하기 위해 운동을 시작한 것은 아니다. 서로의 불신이 싹트는 문제를 해결하기 위함이며 서로를 돌보기 위해 시작한 것이지, 내가 잘 먹고 잘 살자고 한살림하는 것은 아니다. 우리 한살림의 모든 사업이 사실 돌봄 사업이고, 한살림이 지탱해 온 35년의 기간이 돌봄, 모심의 개념이었다.[32]

지역성과 호혜성

한살림 돌봄운동의 강조점 둘을 짚어내면, 첫째는 지역성이고 둘째는 호혜성이다. 첫째, 한살림 돌봄운동은 '지역살림' 운동의 일환으로 스스로를 자리매김하고 있다. '돌봄의제 중기계획'에서 돌봄이 추구하는 가장 상위의 비전은 "지역사회와 함께하는 돌봄 관계망 구축"이다.[33] 실제로 한살림 서울이나 한살림 제주 등 각 지역 생협들에서 돌봄 활동은 지

---

32   안윤희(한살림 원주) 인터뷰: 석재은, 〈한살림과 돌봄운동〉, 모심과 살림연구소, 2020, 39.

33   한살림돌봄회의, "돌봄의제의 중기계획"(미발간 회의자료), 2023.

역운동의 차원으로 전개되고 있다. 한살림에서 돌봄운동이 지역살림과 결합하여 '지역사회 돌봄'의 형태로 구체화되는 것은 자연스러운 귀결이다. 기후·생태위기 시대에 지역사회 돌봄의 필요성은 점점 늘어갈 것이다. 인류세는 우리에게 지구의 생물리학적 조건이 어떤 임계점을 넘을 때 지금까지 우리가 알던 것과는 전혀 다른 세계로 접어들 가능성을 말해준다.[34] 이것은 모든 일상의 영역에서 다양한 형태의 피해자와 난민이 발생할 것이라는 것을 의미한다. 그러나 기후변화는 전 지구적이면서도 재난은 국지적으로 발생하기에, 이 돌봄이 실제로 필요하고 구체화되는 곳은 지역이다. 일례로 한살림 안에서 기후재난을 가장 가시적으로 극심하게 겪는 이들은 농촌지역 생산 현장의 농민들이다.

두 번째로 한살림에서 채택하고 있는 '서로 돌봄'의 지향은 트론토의 '함께 돌봄'과 유사하다. 트론토는 돌봄의 과정을 네 단계로 규정하고, 그중 가장 마지막 단계를 "충족되는 돌봄 필요와 방식이 모든 사람을 위한 정의, 평등, 자유에 대한 민주적 기여와 일치하는 '함께 돌봄caring with'"으로 보았

34 Steffen, W. et al., 「Trajectories of the Earth System in the Anthropocene」, *Proceedings of the National Academy of Sciences*, 2018, 115(33): 8252-8259.

다. [35] '서로 돌봄' 윤리는 우리 모두가 필연적으로 취약하고 돌봄을 필요로 하는 상호의존적인 존재라는 인식에 기반한다. 아무리 자율적이고 심신이 건강한 사람이라도 자연의 돌봄과 다른 사람이 길러낸 먹거리 없이는 살아갈 수 없다. 자연과 뭇생명들과 인간은 서로가 서로를 돌본다. "생산자는 소비자의 생명을, 소비자는 생산자의 생활을 책임진다"는 한살림 운동의 슬로건은 생산자-소비자의 관계를 직거래운동으로 재조직함과 동시에 '서로 돌봄'의 실천태가 무엇인지 보여준다.

지역 한살림의 움직임

현재 한살림은 30개의 지역생협들이 연합회를 이루고 있다. 각 지역마다 돌봄의 요구와 필요의 정도가 다르고 논의 수준이 매우 다르기 때문에 돌봄운동이 일괄적으로 이루어지지는 않는다. 한살림서울, 제주, 고양파주, 성남용인, 괴산 등 16개 지역에서는 돌봄 사업을 담당할 법인체를 세웠거나 준비하고 있고, 돌봄을 매개로 한 활동을 진행하고 있다. 2023년 13개 지역 생협들에서 진행한 돌봄 사업 결과를 공유하는 자리를 가졌는데, 돌봄 활동의 주제는 주로 먹거리 돌봄이나 먹거리 공동체 활성화가 다수를 차지했다. 그리고

35 조안 트론토, 앞의 책, 72.

그 현장은 지역아동센터, 그룹홈, 장애아동, 독거노인 등 다양했다. 한살림 활동가들이 직접 음식을 조리해 취약계층에게 전달하거나 공유 냉장고를 운영하고, 건강한 먹거리를 함께 만들고 나누는 프로그램을 운영하는 방식이 주를 이루었다.[36]

　　이러한 움직임은 소비자협동조합뿐 아니라 생산자연합회 안에서도 일어나고 있다. 일례로 괴산한살림생산자연합회는 돌봄연구회를 중심으로 지역사회와 지자체의 자원을 적극 활용해서 지역사회의 고령 생산자 돌봄 방안을 모색하고 있다. 2023년 돌봄 활동가들은 설문지를 들고 생산자들을 직접 방문하여 현지의 필요사항을 조사하고, 직접 만든 먹거리를 배달하며 친밀한 관계를 쌓아갔다. 돌봄 활동가들은 이후 평가에서 "생산자님이 댁에 계시지 않아도 어디 계신지 알고 찾으러 갈 수 있을 만큼" 서로에 대해 속속들이 알게 되고, "살면서 이렇게 환대받은 적은 처음"이라고 말하기도 했다.[37] 한쪽의 일방적인 복지 제공이 아니라 서로 돌보고 환대하는 '우정'을 나눈 것이다. 아직은 초기 단계로서 활동가들의 역량 강화와 생산자들의 돌봄 수요 조사를 중심으로 활동하고 있

36   2023년 한살림 지역살림운동지원사업 자료집.

37   2024년 1월 12일 한살림지역살림운동지원사업 결과 공유회 발표.

지만, 향후 법인 등을 설립하여 본격적으로 지역사회 돌봄 사업을 진행할 계획이다. 생산자와 소비자의 관계는 일반적으로 상품이나 '물품'을 매개로 이루어지는데 괴산의 경우는 '돌봄'을 매개로 한 새로운 생산자-소비자의 관계를 설정하고 있다. 또한 돌봄의 주체를 가족이 아니라 '마을'과 '지역사회'로 보고, 이에 따른 관계망을 구축하기 위한 시도를 하고 있다. 이처럼 한살림의 각 지역생협들은 그 지역의 상황에 따른 차이를 보이고는 있지만, 공통적으로 먹거리-돌봄 운동에 초점을 맞추고 있다.

5. 지역사회 생태적 돌봄을 위한 한살림 돌봄운동의 과제

2023년 여름의 폭우로 상당수 한살림 생산지들이 큰 피해를 입었다. 수확을 앞둔 밭과 농장들이 물에 잠겼고, 주택이 침수되어 삶의 터전을 잃은 생산자도 있었다. 망연자실한 현장에, 한살림 지역생협들이 물품과 기부금을 모아 보내고 조합원들과 실무자들 300여 명이 달려가 복구작업에 구슬땀을 쏟았다. 생산자들은 이에 큰 힘을 얻었다고 말하면서 나중에 복구에 참여한 이들을 초청하고 따뜻한 음식을 차려 감사행사를 열었다. 내다 팔 수 없는 썩은 토마토가 한쪽에서 뒹구는 참담한 상황이었지만, 그 속에서도 서로의 마음을 나누고 서로 돌보면서 웃음꽃이 피었다.

　　한살림은 지속적인 농업살림을 위해 '생산안정기금'과 '가격안정기금'을 조성하고 있다. 이 가운데 생산안정기금은 태풍, 장마, 이상기후 등에 따른 재해로 수확량이 평년작의 50%에 미치지 못할 경우 피해 농가에게 일정액을 지원하는 제도이다. 생산자와 조합원들이 전체 공급액의 0.1%씩을 적립하여 이 기금을 운영하고 있다. 기후재난은 이미 우리에게 가까이 와 있고, 해마다 생산안정기금의 사용횟수와 사용액은 늘어나고 있다.

　　생산안정기금이나 앞서 살펴본 재난 피해 생산자/생산지에 대한 인적·물적 지원활동은 기후재난 상황에서의 생태적 돌봄을 보여주는 단적인 사례일 것이다. 하지만 현재의 대응 방식은 임시적이고 일회적이라는, 즉 그때마다 대응하는 방식이라는 한계가 있다. 이 방식은 하나의 체계로서 견고하게 구축할 필요가 있다. 점차 소진되는 생산안정기금만으로는 재난 이후의 보상이나 복구를 하기에도 부족하므로 이에 대한 예방적이고 장기적인 대책 마련이 필요하다.

　　한살림 돌봄운동이 지역사회의 생태적 돌봄 실천을 강화하려면 이것 외에도 해결해야 할 과제들이 더 있다. 그중에서도 가장 중요한 것은 돌봄운동이 곧 한살림 운동이고 지역살림운동이며, 한살림의 경우 그것이 곧 생태적 돌봄이라는 점에 대한 공감대 형성과 확장일 것이다. 한 활동가는 한살림 돌봄운동의 상황을 이렇게 토로한다―"우리에게 깃발을 든 사람들은 있는데, 함께 노 저어가는 사람들이 필요하다. 한 사람의 열 걸음이 아니라, 열 사람의 한 걸음이 필요하다." 열정적인 소수가 다수 조합원의 지원과 지지를 구하고 있는 상황이다. 한살림 안에서 (생태적) 돌봄의 필요성과 인식에 대한 격차는 크다. '돌봄운동이 새로운 한살림 운동의 핵심'이라고 생각하는 분들과 '왜 한살림이 돌봄운동을 해?'라고 생각하는 분들이 공존하고 함께 조직의 의사결정을 한다. 당연히 더디 갈 수밖에 없다. 따라서 한살림 내부에서 (생태적) 돌봄운동의 역량을 결집하기 위해서는 중심을 잡아주는 담론과 적절한 대중화 전략이 필요하고, 지속적인 공론화 작업과 교육이 수행되어야 한다.

아직은 초창기이므로 섣불리 이야기하기는 이르지만, 현재 한살림 돌봄운동의 상황은 생태적 돌봄을 적극적으로 구현하지는 못하고 있다고 진단할 수 있다. '순환의 돌봄', '자연생태계에 대해서도 책임을 다하는 돌봄'은 한살림 돌봄운동의 지향으로 명시되어 있기는 하나, 생태적 돌봄을 구체적으로 고민하고 구현하기에는 현실의 상황이 그리 녹록하지 않다. 유기농업을 지원하는 건강한 먹거리를 매개로 한다는 것 외에는 인간중심적인 돌봄에 고민의 초점이 맞추어져 있는 것도 사실이다. 현 위기 상황에서 '생명 돌봄'을 실현하는 것이 곧 한살림 운동이며 생명문명으로 전환하는 길이라는 공감대를 형성하는 것이 중요하다. 유기농업과 농업에서의 기후대응, 농민들의 생존과 생산 여건 보장, 고령농민 돌봄과 먹거리 돌봄은 모두 하나의 연결고리로 이어지는 것이다.

이 공감대 형성은 비단 한살림 조합원만을 향한 것이 아니다. 이 공감대의 기초 위에서 돌봄 사회 시스템을 만들어내는 것이 중요하다. 재생산과 돌봄 역량을 저렴하게 평가하고 착취함으로써 유지되는 상품사회에서, 살림과 돌봄을 인간 삶의 중요한 가치로 회복하는 돌봄 사회 시스템을 창출해내는 것이야말로 오늘의 기후위기를 헤쳐나갈 지름길일 것이다. 그리고 이러한 시스템을 창출하는 과정은 사회생태적 전환의 맥락 속에서 생활세계를 재구성하는 과제일 것이다.[38] 공동체 파괴에 대항하여 자율과 자치의 공간을 만드는 일, 시장경제의 한복판에 있으면서도 비시장 논리를 고수한 채 대안적인 생산과 소비 양식, 그리고 다른 생활문화 양식을 만들어내는 일 말이다. 이 모든 과업에 생태적 돌봄이 핵심 가치로 자리 잡고 있어야 한다.

생태적 돌봄은 새로운 것이 아니다. 그동안 많은 이들이 추구해왔던 생명살림을 돌봄의 관점으로 해석하고 그 운

---

38   홍덕화, 「생태적 복지 커먼즈의 이상과 현실: 한살림서울의 돌봄사업을 중심으로」, ECO, 2018, 22(1): 243-276.

동에 또 하나의 이름을 붙인 것일 뿐이다. 그리고 생태적 돌봄 사회로의 전환은 '죽임의 문명에서 살림의 문명으로의 전환'의 과정이자 전 지구적 기후·생태위기를 극복하는 변혁적 시스템 전환 과정의 일부이자 실천적 전략이다.

저자 소개

신지혜

　　환경교육·생태전환 연구자. 간학문적 상상을 즐기는 '몽상가'
로서 지속가능발전, 생태도시, 환경커뮤니케이션, 바이오필리아 등에 관
심을 두고 있다. 지방정부의 정책연구기관에서 일했고, 학교환경전문가
로 교육행정을 담당하기도 했다. 최근에는 대학에서 〈환경과인간〉, 〈도
시환경론〉 등을 강의하며 다음 세대와 함께 지속가능한 사회를 꿈꾸고
있다. 한신대 생태문명원(연구위원), 명지대학교 방목기초교육대학(객
원교수), 환경사회학회(이사) 등에서 활동하고 있다. 《모두를 위한 환경
개념사전》(공저), 《지속가능한 사회와 환경》(공저) 등을 썼다.

한윤정

　　기후위기와 생태문명으로의 전환이라는 문제를 환경인문학의
관점에서 바라보는 글을 쓰고 책을 편집하며 행사를 조직한다. 현재 한
신대학교 생태문명원 공동대표, 생태전환 매거진 〈바람과 물〉 편집인
이다. 경향신문 기자, 문화부장으로 일했으며 미국 생태문명원 한국프
로젝트 공동디렉터, 서울시교육청 생태전환교육 자문관으로 활동했
다. 저서로는 《명작을 읽을 권리》, 《집이 사람이다》, 편역서로는 《지구
를 구하는 열 가지 생각》, 《헬로 코리아》, 《생태문명 선언》, 번역서로
는 《영성이란 무엇인가》를 출간했다.

우석영

지구철학 연구자. 작가. 포스트휴먼 지구철학, 탈성장, 돌봄, 포스트휴먼 예술 등에 관심을 두고 있다. 산과 길에 중독된 '전근대인'이기도 하다. 동물권연구변호사단체 PNR(전문가회원), 한신대 생태문명원(연구위원), 생태적지혜연구소(학술위원), 산현재(기획위원) 등에서 활동하고 있다. 《기후위기행동사전》(공저), 《불타는 지구를 그림이 보여주는 것은 아니지만》, 《걸으면 해결된다 Solvitur Ambulando》(공저), 《낱말의 우주》 등을 썼고, 《지구와 물질의 철학》, 《인류세의 인문학》, 《디그로쓰》(공역) 등을 옮겼다.

권범철

공통장(커먼즈) 연구자. 계간 《문화/과학》 편집위원, 생태적지혜연구소 협동조합 부소장, 동아대 융합지식과사회연구소 연구원, 한신대 생태문명원 연구위원, 서울시립대 도시사회학과 강사로 활동하고 있다. 공통장, 돌봄, 생태, 예술을 엮어서 사고하며 활동하는 데 관심이 있다. 《예술과 공통장》(2024), 《돌봄의 시간들》(2023)(공저), 《지식을 공유하라》(2022)(공저), 《서울의 공간경제학》(2018)(공저) 등을 썼고, 《역사의 시작》(2019), 《로지스틱스》(2017), 《빛의 마법》(2015), 《텔레코뮤니스트 선언》(2014)을 옮겼다.

이재경

　　지역·행복·세대 관련 연구자. 지역에서 청년들과 함께 먹고 사는 문제에 관심이 많다. 책을 열심히 모으고 책에 길이 있다고 믿는 '간서치'이기도 하다. 한신대 생태문명원(연구위원), 국민총행복연구소(소장), 삼양로컬랩사회적협동조합(이사), 좋은동네연구소협동조합(조합원) 등에서 활동하고 있다. 《다중격차 : 한국사회 불평등구조》(공저), 《청춘, 회색빛 현실을 밀하다》(공저), 《포스트코로나와 로컬뉴딜》(공저) 등을 썼다. 기초지자체 차원의 마을공동체, 도시재생, 사회적경제, 느린 학습자 관련 다수의 정책연구를 수행했다.

조미성

　　모심과살림연구소에서 일하고 있으며 가끔 서울대학교에 출강하고 있다. 기후변화와 에너지교육, 과학기술 민주주의와 시민성으로 학위를 받았으며, 생명·생태 운동과 협동운동에 관심이 있다. 최근에는 생태위기 시대에 평범한 이들이 주체가 되어 농업과 먹거리를 전환하는 전략과 방법에 관심을 두고 연구를 수행하고 있다. 《모심과 살림》이라는 잡지를 펴내고 있으며, 「생명운동이 공통장에서 배울 수 있는 것들」, 「숙의민주주의 딜레마와 한살림 민주주의」, 「기후위기를 살아내기: 함께, 즐겁게, 창조하며」 등의 글을 썼다.